"中国劳模"系列丛书

阳湖边的"金麦穗"

王东云

王艳 ◎ 著

吉林出版集团股份有限公司
全国百佳图书出版单位

图书在版编目（CIP）数据

阳湖边的"金麦穗"：王东云／王艳著. -- 长春：
吉林出版集团股份有限公司, 2024.9. --（"中国劳模"
系列丛书／徐强主编). -- ISBN 978-7-5731-5455-2

Ⅰ. K825.34

中国国家版本馆CIP数据核字第2024PJ7170号

YANG HU BIAN DE "JIN MAI SUI" WANG DONGYUN

阳湖边的"金麦穗"王东云

出 版 人	于 强
主　　编	徐 强
著　者	王 艳
组稿统筹	东北师范大学文学院创意写作研究中心
责任编辑	杨亚仙
装帧设计	刘美丽

出　　版	吉林出版集团股份有限公司
发　　行	吉林出版集团社科图书有限公司
地　　址	吉林省长春市南关区福祉大路5788号　邮编：130118
印　　刷	唐山富达印务有限公司
电　　话	0431-81629711（总编办）
抖 音 号	吉林出版集团社科图书有限公司　37009026326

开　　本	710 mm×1000 mm　1／16
印　　张	9
字　　数	90千字
版　　次	2024年9月第1版
印　　次	2024年9月第1次印刷

书　　号	ISBN 978-7-5731-5455-2
定　　价	55.00元

如有印装质量问题，请与市场营销中心联系调换。0431-81629729

序 言

　　劳动创造财富，劳动创造幸福，劳动创造未来。习近平总书记在2020年全国劳动模范和先进工作者表彰大会上的讲话中指出："全社会要崇尚劳动、见贤思齐，加大对劳动模范和先进工作者的宣传力度，讲好劳模故事、讲好劳动故事、讲好工匠故事，弘扬劳动最光荣、劳动最崇高、劳动最伟大、劳动最美丽的社会风尚。"当今世界，综合国力的竞争归根到底是科技人才和高素质劳动者的竞争。改革开放以来，我们强大的工人队伍用辛勤的劳动和拼搏奉献的精神推动中国制造、中国智造、中国创造走向世界的前列，使新时代的中国面貌日新月异。大力弘扬劳模精神、劳动精神、工匠精神，加强高素质技能人才队伍建设，打造一支宏大的知识型、技能型、创新型劳动者队伍，是伟大时代赋予我们的历史责任。

　　劳动模范是民族的精英、人民的楷模，是共和国的功臣。自改革开放以来，广大职工勇立改革潮头，独立自主，奋发图强，勇于创新，其中涌现出一批批全国劳模和大国工匠。他们参与建设了代表中国高度、中国速度、中国深度的一系列重大工程，提升了国家实力，打造了"中国名片"，树立了"中国品牌"，增添了"中国力量"，充分释放出工人阶级的创新活力，展示出大国工匠的强大创造力。他们以工人阶级的满腔热忱在各自平凡的工作岗位上取得了辉煌的成绩，书写了新时代的壮丽篇章。

爱岗敬业、争创一流、艰苦奋斗、勇于创新、淡泊名利、甘于奉献的劳模精神，崇尚劳动、热爱劳动、辛勤劳动、诚实劳动的劳动精神和执着专注、精益求精、一丝不苟、追求卓越的工匠精神，是广大劳动群众在社会生产实践中锤炼形成的弥足珍贵的精神财富，是工人阶级伟大品格的具体体现，是民族精神和时代精神的生动诠释。民族复兴需要劳动模范，祖国强盛需要大国工匠，中国制造、中国智造、中国创造更需要大国工匠的强有力支撑。劳模、工匠等的成长故事、先进事迹中承载的劳模精神、劳动精神和工匠精神，是激励全国各族人民团结奋斗、勇往直前的强大精神力量。

"中国劳模"系列丛书，采用图文结合的方式，讲述全国劳模、大国工匠和先进工作者们的成长经历及他们追梦、筑梦、圆梦的故事，用他们在平凡岗位上创造不平凡业绩的真实故事感染读者，推动形成劳动最光荣、劳动最崇高、劳动最伟大、劳动最美丽的社会风尚，引导广大技术工人和青少年形成劳动光荣、技能宝贵、创造伟大的观念。

"匠心筑梦，强国有我。"新时代是一个万象更新、生机勃勃的时代，也是一个继往开来、创新创业和建功立业的大时代。希望广大读者能以劳动模范为榜样，以大国工匠为楷模，立志技能报国、技术强国，踔厉奋发，勇毅前行，锤炼思想品格，汲取劳动智慧，勇于担当、勤于钻研、甘于奉献，为推进新型工业化和乡村振兴，为加快建设制造强国、质量强国、航天强国、交通强国、网络强国、数字中国、农业强国，全面建设社会主义现代化国家贡献青春力量。

中华全国总工会副主席（兼）

中国航天科技集团有限公司第一研究院

211厂14车间高凤林班组组长

2022年11月

传主简介

　　王东云，女，1971年5月23日出生，中共党员，江苏省常州人，现任中国农业银行常州分行副督导员。

　　19岁时，王东云进入中国农业银行洛阳镇办事处工作。为了更好地服务客户，她苦练点钞技艺，自创"小鸡啄米式"和"刮刮式"两种点钞法。与传统的依靠手指关节发力来点钞的方法不同，王东云自创的点钞法主要依靠手腕和手臂发力，大幅度提升了点钞的速度。

　　1999年，怀孕快8个月的王东云凭借自己独创的点钞法，在市级大赛上荣获"散把单指单张"第二名和"整把多指多张"第三名。2000年9月，她又一次在市级比赛中一举摘得"整把多指多张""整把单指单张"和"整把单指单张反假币"三个项目的桂冠。2007年，王东云在中国农业银行女职工业务技能比赛中，获得"单指单张点钞"项目冠军。2012年，在中国农业银行第四届业务技能大赛上，王东云荣获"中年组单指单张点钞"项目的第一名。

　　为表彰王东云在点钞技能及基层工作上的卓越贡

献，2009年，她先后获得全国金融五一劳动奖章、全国五一劳动奖章和全国金融女职工建功立业标兵称号。

2009年8月，王东云首登央视。在《状元360》节目里，她与其他五位全国点钞能手同台竞争，荣获"超级银行柜员"冠军。2017年，王东云携徒登上央视《挑战不可能》，顺利完成了"蒙眼双耳听音点钞"这一非凡挑战。

2013年，为了更好地传播王东云的劳模精神，鼓励农行青年爱岗敬业，"王东云劳模创新工作室"应运而生。作为工作室的领头人，王东云尽职尽责，积极吸纳优秀人才、用心培育行业新人，并与其他工作室结对共建、互享经验。

2004年起，王东云转型做点钞技能培训教练。20年来，她亲自培训了成千上万的学员，受她点拨的人更是数不胜数，其中有80多位学员在各省、市、县区级比赛中表现优异。

不仅如此，王东云还热心公益事业。多年来，她坚持参与"春蕾计划"，帮扶失学女童并向武进区特殊教育学校献爱心……

2020年8月至今，身处常州农行管理岗位的王东云坚持为广大员工谋福祉，全心全意地发挥自己的光和热。2021年，王东云荣获农行"金穗先锋100人"称号。

目　录

 第一章　王家有女唤东云

扫码解锁

◉群英颂歌◉指尖舞者
◉精益求精◉奋斗底色

"我想当一名军人！"

1971年5月23日，是初夏里一个寻常的日子，常州市戚墅堰南潘村的王家夫妇迎来了他们的第一个孩子。初为人父母的他们给这个孩子取名为东云。得益于这个雅致的名字，许多年后，一进入"王东云劳模创新工作室"的大门，来访者就能看到一个生动形象的绿色图标：大写英文字母"D"的右下角浮着一朵飘逸的祥云。

小时候，看着那些依偎在父亲怀里的小伙伴，年幼的王东云曾一次次开口问母亲潘玉琴："姆妈，爹爹什么时候回来呢？"

为何有此一问呢？原来，东云的父亲作为一名军人，常年在部队，只有每年过年前才有假期回家探亲。对年幼的王东云来说，只要牵到父亲宽厚的手掌，那就快过年了。

王东云父亲是苦出身，共有兄弟姐妹七人，父亲排行老六，他很小便开始一边读书一边干农活儿。到了二十多岁，他抓住来之不易的征兵机会，成了军人。

在王东云眼里，父亲是一个爱思考、会做事的人。

为了迎新年，除了杀猪宰羊，常州地区的老百姓还会制备一种特别的年货——团子。常州团子的历史源远流长，当地有几家响当当的老店，比如，苏糯焦溪团子店、常州糕团店和园外园汤团店等。由团子制作工艺延伸出来的堆花糕团制法，在2008年入选常州市非物质文化遗产。这种主要由糯米粉制作的团子，成了无数常州人的乡味记忆。

要包出好吃的团子，必得精心制备里面的馅儿。一般来说，包团子用的馅料有青菜的，有萝卜丝的，还有豆沙的。每每过年，母亲先在案板上干脆利落地切好青菜、萝卜丝，下一道工序就是让父亲把菜挤干水分。挤干所有菜馅可不是个简单活儿，如果单单用手直接挤，每次不过挤上一把，很是费时费力。年幼的王东云和妹妹围在父亲身边，眼巴巴地盯着他，好奇着他下一步的动作。

看着孩子们可爱天真的面庞，父亲开口了："女儿们，今天爸爸要向你们展示一种特别的挤菜汁方法，保证省时省力，你们肯定没见过。"小女孩们都期待起来，伸长脖子看着父亲的动作。

父亲拿来一个干净的蛇皮袋，把菜放在里面，又在一个长凳上绑上一根扁担，再把装菜的蛇皮袋子压在扁担下，人往扁担上一坐，菜汁就流了出来，三下五除二就把菜馅给挤干了。眼见父亲巧用简单组合工具，就完成了原本费时费力的事情，年幼的王东云第一次那么直观地理解了事半功倍的含义。

关于父亲的善于思考，王东云还有一段特别的校园记忆呢。

那时，王东云已经随军转入浙江青田县鹤城中学。学校开展了一次郊游活动，对于学生们携带的食物有特别规定：不允许带现成的食物，必须带生的食物自己烧。这次郊游活动实行分组制，一组四人。分配好小组后，王东云组四人便兴冲冲地商量各自所需带的午餐食材。一番仔细商量后，决定由王东云带米线和锅子。

可是怎么拿呢？王东云犯了难，毕竟郊游需要长时间走路，单单用手拿实在是太不方便了。见大女儿愁眉苦脸的，父亲呵呵一笑，拿来了一根绳子。原来他想到了部队行军时的做法，把米线和锅子用绳绑在背上，既能解放双手，又不影响走路，真是益处多多。郊游时，同学们看王东云把东西绑得伏贴又利落，派头十足，纷纷投来羡慕的目光。

对王东云来说，儿时最盼望也最快乐的日子，就是过年。最值得回忆的，便是伏在父亲肩头走街串巷的时光。稚女也懂愁滋味，儿时长时间见不到父亲，难免在王东云的小小心湖铺下一层浅浅的哀愁，她会特别羡慕那些爸爸在身边的小朋友。她偶尔会埋怨远方的父亲，甚至夜里会因为极度的思念而偷偷哭泣。

远方的父亲又何尝不是时时思念着自己的妻女呢？父亲寄来的那些饱含深情的家书，是王东云脑海里温馨的回忆。"父亲在我童年生活里，有很长一段时间都不在场，但是他会写信给我，会告诉我很多人生道理，会委婉地表达对母亲及我们姊妹的挂念。这让我丝毫没有感到父爱的缺失。可以说，父亲对我性格的

⊙ 王东云（中）一直热衷公益活动，图为她与儿子和资助的贫困学生的合照

养成起到了至关重要的作用。"

8岁时，王东云进了戚墅堰后潘小学，第一堂课上，老师提出了一个问题："你们长大了想干什么呀？"这个问题想必每个孩子都被问过，孩童们用稚嫩的声音说出自己的答案。有的孩子想当老师，因为可以教书育人；有的孩子想当医生，因为可以治愈病人；有的孩子想当科学家，因为可以发明创造……

轮到王东云回答了，她站起来掷地有声地说道："我想当一名军人！"

老师眼前一亮，追问道："王东云，你为什么想当一名军人？"

"因为我爸爸就是一名军人，我想和他一样，报效祖国！"女孩亮晶晶的眼眸里满是对未来的期许。老师看向这个稚气未脱又神色坚毅的女孩，目光里饱含赞赏，向王东云点了点头说道："那你一定要好好努力，学好知识，早日成为像你父亲那样优秀的军人！"

儿时的美好梦想并没能成真，但后来的王东云还是在自己的岗位上继承了父亲的军人精神，竭尽全力投身于热爱的事业，并为他人、为集体无私奉献着自己，散发光和热。

质检员母亲是榜样

许多年以后，当潘玉琴看到女儿王东云因为苦练点钞而缠满创可贴的手指时，就想起了那个温馨的傍晚。

当时，王东云父亲每个月的津贴是16元，一般会留下5元自用，其余的11元寄往家里。东云母亲会将那11元分为两份，5元让王东云送去给爷爷奶奶，剩余的6元家里自用。既要节省家庭开支，又要养活三个女儿，勤劳的母亲不仅要辛苦工作，还开垦了一块荒地种植瓜果蔬菜来贴补家用。许多个清晨与傍晚，王东云都看见母亲在地里劳作，汗水浸透了她的衣衫。好在还有太婆，也就是母亲的外婆。见外孙女因为忙碌无法照顾好三个女儿，她就主动帮衬着这个小家。所以，一家人的日子过得辛苦而不乏温馨。

那日黄昏，潘玉琴在地里挑着担子浇菜，听到身后一声声稚语叫着"姆妈"，回头一瞧，正是自己乖巧的大女儿，手里还提着一个篮子。未及近前，饥肠辘辘的她已经闻到了饭菜的香味。潘玉琴拉着女儿在田垄上坐下，发现女儿裤子膝盖处已经被血染出一块殷红，她撸起女儿的裤管，看到膝盖上一个半寸长的伤口正渗出血丝。

"怎么这么不小心？"潘玉琴一阵心疼。

"刚刚出门走得太急，不小心摔了一跤，姆妈你不说我都没感觉疼。"

"我喊她慢一点，她却急匆匆地，一溜烟就不见人影！"听到声音，母女俩都抬头往后看，正是跟在王东云后面慢腾腾走来的太婆。

太婆念叨起王东云膝盖上的伤口。原来，在家吃完晚饭的王东云，看着在远山淡影处渐渐隐没的太阳，担忧起一下班就急匆匆去打理自家菜田的母亲，心想：母亲今日又得披星戴月地归家，肯定又要饿肚子了。

"太婆，我们去给姆妈送饭！"王东云一边帮着收拾碗筷，一边眼神炯炯地看向太婆。听着可心小人儿的这句话，太婆点了点头，脸上漾开更大的涟漪："行，咱给你妈送点热饭菜去！丫头，有心了哦！"

太婆转身在院里提来一个篮子的工夫，王东云已经在碗碟内盛好了饭菜，接着把它们放在篮子里。提着篮子的太婆刚跨出门槛，就想起筷子还没拿，王东云说了一句"我去拿"就转头跑进厨房。

"拿到了！拿到了！"她一边跑向门口的太婆，一边喊道。忽听扑地一声，是骨头撞击坚实地面的闷响。太婆眼见王东云被院内一块砖头绊倒，跌伏在地，刚要蹒跚着去扶，王东云已经利落爬起，笑嘻嘻地一边说着"没事"，一边接过篮子就朝母亲劳作的地方跑去。

"慢点慢点，饭菜香味走得比人快多喽，你姆妈闻到就知道……"王东云跑得实在太着急了，耳畔掠过的风声仿佛是母亲的呼唤，太婆的声音越来越遥远，很快就听不清了……

太婆和母亲念叨完王东云受伤的原因，就转身在地头采摘了一株野草。翠绿鲜嫩的野草在太婆的缓慢搓揉下淌出汁液，散发出好闻的清香。太婆慢慢走到王东云面前，用温暖的声音说道："东云，来，这些草药能止血，我给你敷一些。以后做事要不慌不忙，心里静了做事更稳当。就比如种地，什么时候该种什么、怎么种，都有具体说法，急不来的，也不用着急。"

"是啊，有些事情要想做成功，就得付出大量的精力，绝不可能一下子就办成了。"母亲附和道。

在天边夕照的绯红里，王东云似乎看到了在这片广袤大地上耕耘过的许多人。他们顺应时令，辛勤劳作，收获粮食，代代繁衍，生生不息。后来，她二十多年如一日，每日点钞18万次，外人初听总是忍不住咋舌。追根溯源，她也只是持着"把简单的事情重复做，把重复的事情极致做"的理念，就如农人用心对待自己的土地那般。慢慢来，一切向上之物都会生长。后来王东云成了"点钞状元"。

常州作为历史名城，早有"苏常熟，天下足"的好名声。在改革开放的浪潮中，常州的民营经济蓬勃发展，轻工业的发展更是如火如荼。顺应着这样的时代浪潮，这座古城慢慢转型成了生机勃勃的工业之城，而王东云的母亲潘玉琴也积极投身于这项事业中，她在一家胶木厂做质检员。所谓胶木，又称电木，当时是制作灯头、开关、插座等电器产品的重要材料。

为了维持家庭开支，潘玉琴几乎全年无休，经常主动要求加班。虽然母亲一直忙于工作，没什么时间陪伴自己和妹妹，但懂事的王东云十分理解。她渐渐明白母亲是一个敬业的人。母亲一旦忙起来，是饭也顾不上吃的，她兢兢业业地一遍遍检查产品的质量，再用心记录下来，绝没有一丝一毫的敷衍。在这样的言传身教之下，王东云也慢慢学会了认真地对待自己的工作。

王东云回忆道："读小学时，因为学校离母亲上班的工厂比较近，我每天中午都到厂里去吃午饭。母亲是厂里的质检员，我经常端着饭碗坐在她身边，边吃饭边看母亲工作。母亲工作时嘴里会数一五一十，十五二十，二五三十，耳濡目染中，我对数字和有频率的声音非常敏感。"后来，成为点钞技能教练的王东云在培训学员的日复一日里，练就了更厉害的听音技能。成为教练的她通过听点钞的声音，就能判断学员的点钞节奏是否合理，手法是否正确。2017年，王东云还顺利完成了"蒙眼双耳听音点钞"的挑战。溯及源头，这一技能便是她在母亲身边不自觉地接受声音训练的那段日子养成的。就好比一只南美洲蝴蝶扇动翅膀形成的细微气流，终将形成飓风，震撼世人。

慢慢来，比较快

夏日的傍晚，一家人把饭桌搬进院落。散逸的橙色光芒如同宽厚的手掌摩挲着每个人的头顶，又像是一味天然的佐料落进食物里，增益着农家饭菜的美味。小小饭桌上，少不了太婆最爱吃的红烧肉。

儿时的王东云最爱的，便是一面听着太婆讲那些透出旧纸张气息的故事，或者身边街坊邻里的琐碎小事，一面对着色香味俱全的红烧肉大快朵颐。太婆见她吃得着急，总会笑眯眯地说道："丫头，慢些，日子得一天接一天过，饭要一口接一口吃。"

江南可采莲，莲叶何田田。在王东云的心中，太婆就如一株莲花，虽陷入过生活的淤泥，但涉过人生的万重山水后，绝不会让自己耽于对过往人生的怨怼，而是用依旧澄澈的双眸，充满爱意地看待生活的一切。

太婆爱喝茶。太婆的居室是简陋的，陶瓷茶具是朴素的，但用江南清冽泉水泡上一杯绿茶后，一切就变了。太阳光线从纸窗透进来，与茶水的热气一起氤氲在太婆的周围，如诗如歌，如梦如幻，令王东云沉醉不已。太婆喜欢养鱼。她牵着王东云，在花鸟鱼虫市场走走逛逛，遇着自己喜爱的鱼，就蹲在透明的鱼缸前仔细观察，时不时抬手逗弄几下。散漫悠游的鱼儿与娴静笃定的太婆组成了王东云心里一幅永不褪色的画卷。太婆也爱种花。普普通通的农家小院，一旦有了那些花儿点缀，就成了一个让人心里无比踏实安稳的栖息之处。太婆种花讲究时令，也付诸心血，不慌不忙地等花儿生长，并用那洞明万事的眼睛去欣赏每一朵花的盛放。

至今，王东云还记得太婆卧室里常年挂着的一句禅语——不苦者有智。初见时她还不懂其意，太婆娓娓言道："这句话就是说无论面对什么样的困难情况，拥有大智慧的人并不觉得苦。不怕吃苦，那每天都是好日子。"每当人们问已经成名的王东云，练习点钞苦不苦时，她都会讲起太婆告诉她的这个道理，并补充道："我觉得有时候一个人吃的苦，或许会变成未来生活的筹码，如果不专注当下的苦，那就很难有以后的甜。如果因怕吃苦，而不努力让自己过上想要的生活，那以后可能不得不花费大把的时间，去应付自己不想要的生活。"

"每临大事有静气"，这句话用在王东云身上也是恰如其分。凡是与王东云接触的人，都能清晰地感受到她身上的沉稳力量。无论是生活中，还是工作中，她都能不疾不徐地应对各种问题。她这样说："从小与太婆朝夕相伴，耳濡目染，我的性情也变得越发简静。年岁越长，我越发现，太婆其实早已在不经意间告诉了我许多道理，我只是在一点点领悟而已。"

⊙ 2009年，王东云获央视《状元360》"超级银行柜员"冠军

都说穷人的孩子早当家，生活的艰辛让王东云早早担负起家庭的一部分责任。在学校，她刻苦学习，成绩总是名列前茅。她喜欢母亲看着她成绩单时露出的温柔笑脸，透着一股乡间小路边野蔷薇的芬芳。

在戚墅堰后潘小学读书的王东云，还被选为学校的大队长，成了老师们得力的小助手。一放学回家，她就是家里的小大人，帮着太婆和母亲做着力所能及的家务，放寒暑假了就照顾两个小妹妹。作为长女的王东云，有两个分别比她年幼两岁和六岁的妹妹。每每寒暑假，王家院子中、戚墅堰的田野上以及母亲工作的胶木厂里，一定少不了三朵姐妹花的欢声笑语。

长姐如母亲般呵护妹妹们，妹妹们也念着姐姐。每个姐妹情深的时刻都融入岁月土壤，成为各自茁壮成长的养料。有一件事，王东云记得十分清晰。那时候，刚刚二十岁的王东云因为远超同龄人的勤奋和沉着心态，虽入行不久，却被师父沈菊艳推荐参加戚墅堰的业务技能比赛。王东云有些担忧也有些期待，她把这事告诉了家里人。妹妹露出担心的神色，但是她更知道姐姐不轻易服输的性子，唯有默默支持。

"大姐，我送你一个好东西。"那天妹妹还没进门，声音已经传入王东云的耳朵。"这是什么？哪个帅气小伙送你的戒指？"看着妹妹手心的钢圈，王东云笑着问道。"什么戒指呀，"妹妹笑嗔着横了自家姐姐一眼，又正色道，"大姐你不是说点钞的时候手上总感觉使不上力气吗，套上这个再练说不定能帮到你！"

20世纪八九十年代，武侠小说和影视剧层出不穷。王东云听妹妹那么说，就想起那些武侠小说和影视剧里负重练功的武者，为了练好点钞，自己完全可以仿效这种做法呀！说干就干，刚开始，她的手指很快被钢圈磨得发红发痛，点钞速度也变慢了，但她咬牙坚持。在经过一段适应期后，拿掉套在右手上的三个钢圈再点钞，王东云惊觉自己的点钞速度有了质的飞跃。如今笑谈那些不得不慢慢行走的岁月，王东云告诉我们：只要虔诚地日积月累，所有事情都会如轻舟越过万重山。王东云办公桌上总摆着三个套着红色胶皮的钢圈，那是她和妹妹之间的温馨记忆。

向上的学生时代

谈到自己的学生时代，王东云觉得有许许多多可贵可喜的记忆。她就像向日葵一样，始终面对太阳，源源不断地吸收阳光，逐渐转化成自己向上成长的养分。

小学时，身为大队长的王东云学习用功，常有好成绩，不过偶尔也有马虎的时候。"哎，王东云，你语文怎么考了99分？"听同学那么说，王东云心里一咯噔，这次语文考试卷很简单，她原本觉得自己稳拿100分的。她接过卷子一看，还真是99分！看了看扣分的地方，王东云有些不服气了，立马跑到办公室找到了语文老师。

"老师，这个'降落伞'的'降'字我明明写对了，为什么要扣我的分呢？"

"你再仔细看看，最后一笔竖你写出头了吗？写字这事，得一笔一画地好好学，马虎不得半分呀。不然漏了哪一笔，添了哪一笔，可就不是那个字了。"

在回教室的路上，王东云盯着试卷看了又看，耳边回荡着语文老师的话，心里还是直嘀咕："不都差不多吗，出不出头有什么关系？"

回到家里，她把这件事告诉了母亲。于是，关心女儿的潘玉琴及时和语文老师进行了交流。语文老师坦诚道："这次本来可以给她100分，但感觉这阵子她做事没有耐心，有点马虎，扣她一分，也给她点小小的教训。"

母亲深以为然，把这番话告诉了内心困扰不已的女儿，并认真说道："你刚开始学写字，要写好，不能让人挑出错处。字写好了对以后也有帮助。做其他事情也是这个道理。如果有能力做得更好，那就全力以赴地去完成，而不是差不多就行了。知道了吗，东云？"年幼的王东云听了，似懂非懂地点了点头。

随着成长，这个朴素的道理也渐渐内化成王东云心里坚定的信念。就如她在一次采访里说的那样："我们的点钞规则要求比较严苛，要在对的基础上比速度，比赛时点错一张就是最后一名，在赛场上我只点错过一次，得益于从小养成的严谨习惯。"

为了照顾长期与家人分居两地的军官，国务院及中央军委在1963年开始推行军人家属随军政策。由此，王东云得以和家人一起来到父亲身边。

在五年级时，王东云随军转学到浙江青田。青田与常州一样，都是历史名城，风景宜人，文化氛围浓厚。但对王东云来说，青田是一个完全陌生的地方，她心里时常泛起小小的哀愁。家乡小路旁的那些野花还漂亮地开着吗？后潘小学门前小河里的鱼还快活地游着吗？那些玩伴会谈论身在远方的她吗？她恹恹地看着目之所及的一切，既为能够陪伴在父亲身边而高兴，又控制不住自己飘向那片江南水乡的思绪，并没有察觉到一个人在慢慢走近。

"东云，是不是又想念家乡的小伙伴了？一时半会儿不太适应这里的生活吧？"她抬头一看，原来是父亲。她诚实地点了点头。父亲怜爱地摸摸她的头顶，又牵起她的手，朗声说道："走，爸带你去玩好玩的去！"听父亲那么说，王东云头顶的那点阴霾忽地消散了。无论如何，平时忙碌不已的父亲能够抽空来陪伴自己，就已经让她足够高兴了。到了地方一看，原来是部队的一间活动室，里面摆有五六张乒乓球桌。

父亲一边递来一个球拍，一边说道："来，今天教你打乒乓球。""太好了！"喜色染上女孩的眉梢。听着父亲通俗易懂的讲解，看着父亲行云流水的打法，王东云越发敬佩父亲。原来作

⊙ 城东小学五（5）班全体同学毕业留念

为军人的父亲不仅枪法炉火纯青，还拥有这么高超的乒乓球技艺。"我可是他女儿，肯定也行！"王东云暗暗想道。自此，生性活泼的王东云又有了一项爱好——打乒乓球，在父亲的耐心指导下，她很快就上手了。

一个难题接踵而至。"我的力气好小啊，扣杀有气无力的，像纸老虎，有没有方法改进呢？"王东云睁着大大的眼睛望向父亲，期待着父亲的解答。父亲答道："要知道，打乒乓球可不只是靠手腕就能完成的事，牵一发而动全身。比如完成一次扣杀，为了让身体最大限度地带动手臂发力，必须搭配腰身旋转和脚蹬地的动作。"父亲一边说一边做示范。王东云懵懵懂懂地试了试新的发力方式，果然如此！

之后的课余时光，她就拎着球拍和同学、父亲以及他的战友们打乒乓球。两个多月后，她已经能从容对阵部队大院里与她一般大的孩子。两年时间很快过去，她已经成了部队里的乒乓球小冠军。

除了一手厉害的乒乓球技艺，王东云在其他体育项目上的表现也十分出色。高中时，教体育的高老师视她为得意弟子，希望她能报考体育专业。既然要报考体育专业，先得跨过专业考试这个难关。本就害怕考上后每天早上起来都要长跑，恰巧高老师当时因病在家休息，心生退意的王东云缺考了。高老师康复归来，知道这事，直叹可惜，毕竟全校也就王东云这一个学生有机会考上。

看到那么关爱自己的高老师面露失望，王东云也为自己缺席考试而后悔。她暗暗告诉自己，以后再也不做"逃兵"！

第二章　迈入职场勤补拙

扫码解锁

◎群英颂歌◎指尖舞者
◎精益求精◎奋斗底色

19岁再出发

1990年，19岁的王东云参加了高考。等待高考成绩发布的那段时光，她想象自己是一只小鸟，张开翅膀，就能飞进心中理想学府的大门。她期待生活发出向下一段学业之路前进的指令。

那个八月，横林镇的天气一如既往的炎热。王东云怀着"偷得浮生半日闲"的心态翻开书本，慢慢消磨一个下午，可惜唯一能带来点清凉的风扇忽然坏掉了。

看着不再转动的电风扇，少女心中隐隐觉得不安，她摇摇头，嗤笑自己的迷信。然而该来的总会来，王东云还是知道了自己高考落榜的消息。她再也感觉不到炎热了，心里短暂地被凄凉所占据，也渐渐听不清成百上千只知了聒噪而不倦的叫声……

"东云，没事的。这次不行，咱们就复读一年，下次说不准就考上了。"关心女儿的父亲劝慰道。"不读了，爸，你们为我太操心了。既然读不来书，那我就换条路走，直接找工作。"王东云郑重地说道。

"那你要不要去横林工商所工作呢？"父亲退伍后，在横林工商所工作多年了。见王东云态度坚决地不想复读，想帮女儿一把的父亲就为她推荐了这样一条路。

王东云摇摇头，说道："爸，我已经长大了，不能总让你们操心，我得学着自己照顾好自己了。您放心，我肯定能找到一条我自己的路。"了解女儿秉性的父亲没有强求，也为女儿这么懂事而感到欣慰。

"留他如梦，送他如客"，这是清代词人宋徵舆《忆秦娥·杨花》里的最后一句。词人借哀杨花来哀怜自身，这份思绪也穿越时空，与彼时一个江南少女遥相呼应。只不过19岁的王东云还有着截然不同的想法。在日记里一笔一画认真写下这句词后，她明白，自己该奔赴另一条道路了。

20世纪80年代，乘着改革开放的东风，神州大地处处是盎然的生机。在农民的家门口，一种带有中国特色的经济体崛起了，那便是乡镇企业。那时候，包括常州在内的苏南模式是全国乡镇企业发展的先驱和旗帜。到了90年代初期，随着改革的深入，常州市引导乡镇企业进行产权制度改革，原来的集体所有制乡镇企业开始逐渐改制为私营企业。如此一来，大大促进了从业人员的积极性，管理和生产效率也得到提高，企业发展势头越来越足。常州各乡镇依托自己的特色农产品和小商品，每日有大量贸易往来，大力推进了农村的工业化和城镇化。

为了与这样的发展大势相配套，以"农民在资金上互帮互助"为宗旨的农村信用合作社规划在常州各乡镇开设营业网点，亟待一批新员工入职。

　　听说农村信用合作社要招聘工作人员，王东云果断报名。经过一番努力，她毫无悬念地通过了招工考试，最终应聘成功，被分配到了洛阳镇的营业点。正式入职的前一天，19岁的王东云心里还是有几分彷徨不安，她问父亲自己的选择是否正确。父亲关切地看着女儿，温和地说道："既然选择了就不要轻易放弃，要学会坚持走下去。爸爸相信，你一定行！"

　　1990年12月20日，是王东云职业生涯的开篇。哪怕正值寒冷的冬日，哪怕从横林镇工商所的家到洛阳镇的单位骑车要40分钟，踏着母亲为她特意购置的凤凰牌自行车，王东云觉得自己是世界上最幸福的人。她相信，只要努力去学习、去工作，一定能够做出自己的成绩。

　　19岁的王东云或许没意识到自己作出了一个顺应时代潮流的选择，她只是遵从内心，一步又一步地走下去，越走越坚定，越走越远。

练习点钞技艺

　　初进职场，王东云最先迎来的是为期一个月的见习。这段时间，她需要跟着入门师父沈菊艳学习银行柜员的基础业务技能。

　　得益于家庭的良好教育，王东云一直是一个尊师重道的人。

她会早早地到达工作单位，做些打扫卫生之类的活儿，也会很有眼力见儿地适时为师父端来一杯热水。沈菊艳瞧着这个机灵的小徒弟，心里十分喜欢。

"沈老师，做好银行柜员，需要具备哪些技能呢？"王东云问沈菊艳。

"一个银行柜员，最需要的就是练好'点钞'这项技能。还得用好笔、记账本和算盘。"

"点钞不就是数钱吗？这挺简单的吧，这也要练习？"

"当然。数钱是数钱，你数自己的钱，多快多慢无所谓。但点钞是点钞，在银行为客户点钞，那就需要有着实打实的功夫。如果你是客户，肯定也希望银行的柜员为你点得又快又准不是？"

王东云刚工作的时候，洛阳镇营业点还没有点钞机，只能由柜员手工点钞。营业点所处的洛阳镇，有着繁荣的农产品交易市场，往来贸易者源源不断，所以营业点每天都有庞大的现金存取量。再者，农产品单价普遍便宜，一般只用得上小面额的钞票或者硬币，更难免有破损残旧币。把这些钱清点得又准又快，是对银行柜员实打实的挑战。

可是怎么练好点钞呢？她希望师父传授点经验。沈菊艳认真道："没有诀窍，就得勤练，早上练、中午练、晚上练，练不死就往死里练！"听师父这么说，王东云不禁"啊"了一声，不过是数数钱，怎么还要做到这份儿上呢？看到有点被吓到的小徒弟，沈菊艳赶紧换成温柔的语气："你想啊，东云，点钞是我们这个岗位最基本的技能。既然是最基本的技能，那肯定要认真对待，勤奋练习，把每一笔钱都数得又准又快，才能服务好客户。你说是不是这个理儿？"听师父那么说，王东云这才恍然大悟地点点头，回道："沈老师，您说得没错。"

王东云接着又问笔、记账本和算盘那三样东西的用处。师父说这是为了"三勤"——手勤、眼勤和脑勤。所谓"手勤"，就是要随时用笔做好柜面业务记录，务求清晰准确；所谓"眼勤"，就是要多看、多核对每张票据和记账本上的数据，避免有误；所谓"脑勤"，就是要熟练珠算，多动脑子。

在王东云工作之初，计算器是银行里的稀罕物什，现如今已然成了"老古董"的算盘却是当时银行里不可或缺的计算工具。"一下五去四，二下五去三，三去七进一，四去六进一，五退一还五……"在师父的指导下，王东云勤奋背诵珠算口诀，学习熟练使用算盘。每每和新同事一起练习，真是噼里啪啦，只听得响声一片！她也会抽空练习书法，只为不久后能清晰、准确地记录账本和填写数据。

王东云得空就抓紧练习点钞，师父沈菊艳见到了，先点点头，又摇摇头，说道："你这样点太慢了，客户会有意见的，还是要注意手法。"说着，师父就拿起一把钱点了起来，不时指点示意，王东云仔细观察着，果然发现了一些不同。她当时还没有太多总结经验的能力，但已经能依葫芦画瓢，最终得以完成培训任务并顺利达标。

见习期满，王东云被分配去开汇票。和柜面业务相比，开汇票不接触现金，业务量也并不多。所以相对来说，她的可支配时间还是多的。一句常州俗谚说得好："麦早年年好，早发产量高。"虽然工作不忙，但王东云并没有松懈，她还是时时勤练点钞和珠算，为自己未来可能要做的工作努力着。很快，这个机会就降临了。

"你怎么又出错了？账记错了可以改，现金点错了还怎么对账？差的钱谁补？"说这话的正是洛阳镇营业部主任郑浩然。原来，有一个柜员点钞时总是出错，郑主任不得不出言批评。那个柜员又无奈又委屈："您看这钱怎么点！"一看，桌上一堆零零碎碎的小面额钞票，还有很多破损残旧的。

"要做事就认真做，不要自己做不到就觉得别人也不行。"一听郑主任这话，那个柜员也生气了，嘀咕了一句"那您另请高明吧"，就转身头也不回地离开了柜台。

"王东云，你来，你和她调换岗位，你来做出纳和复核工作。"经过这段时间的观察，郑浩然发现王东云不仅工作时认真细致，还能在闲时勤练算盘、点钞和写字，是个心里有谱的姑娘。因此，他决定让她做点难度大的工作。自此，她就开始了自己的"点钞生涯"。

⊙ 王东云参赛的照片

不抱怨，先做事

一开始，王东云是信心十足的，可是亲自上手一试，就深觉自己的功夫还远远没到家。她点钞点得太慢，拨算盘也是勉强应付。面对客户脸上明晃晃的嫌弃，她充满了压力。点钞慢，拨算盘不熟练，所以复核的效率也大大受到影响。那段时间，王东云时不时地留下来加班做复核工作。

又一次面对一麻袋的现金，本就工作了一天的王东云更加崩溃。"什么时候是个头啊？"她一遍遍想着这个问题，心里越发委屈，鼻尖一酸，忍不住流下泪水。下班骑上凤凰牌自行车，暮色四合，吹着和煦春风的她渐渐冷静下来。"不过是小挫折，哭过就算了，被它打败可不行！是啊，前路漫漫亦灿灿。"想着自己终会变成一个优秀的银行柜员，她露出了笑脸。

一天开晨会的时候，郑浩然主任突然宣布一个安排："每天都有客户投诉存钱和取钱的业务办理太慢，这样放任下去肯定不行。所以从今天起，大家下班后要在单位加练点钞，回家后也得练。"一听这话，大家都不太乐意，可也拗不过领导的安排。

"今天回来怎么不太高兴啊？""爸，别提了！"随即，王东云把领导要求加班和同事们的抱怨一股脑说了出来。

父亲耐心听她讲完，沉吟一会儿，慢慢说道："有一段时间，我被部队调往一个需要做保密工作的岗位，整天做完了事就干待着，行动不自由，也没人聊天。一开始觉得时间过得特别慢，但是有一天我突然想通了，找来一个靶子立在墙边。你知道我是要做什么吗？"

"立靶子肯定是要练枪啊！"王东云脑海里浮现出父亲在部队练枪时威风的样子，那真是左右开弓，百发百中。

"猜得对！我就想啊，我虽然改变不了环境，但是能转变自己的心态。没人聊天，行动受限，我也可以做点有意义的事，比如对着靶子练瞄准。你看，最后竟然练成了一手好枪法！战友们都好奇地问我到底什么时候练的，哈哈！"

听着父亲的讲述，王东云茅塞顿开："爸爸，你说得对，改变不了环境，不如停止抱怨，踏实做好该做的事！"于是，她又开始兢兢业业地练起点钞来。

那个夏日，天气炎热，聒噪的蝉鸣也叫不醒昏昏欲睡的人。就在这时，一个高壮汉子闪进洛阳营业部门内，他神情严肃，把背上的包裹往王东云的柜台前一放，中气十足地喊道："存钱！"

王东云打开包裹一看，一大包零碎钞票！大多是一元、两元和五元的面额，而且十分不规整。王东云心里有些犯怵。不过她还是很快地平复了心情，开始麻利地清点起来，先把它们展平分类，再清点捆扎。

3分钟之后，客户不耐烦道："你快点啊，我还有事呢！"

"好的，这就好，您稍等。"王东云心里一咯噔。

"稍等稍等，你能不能练好功夫再出来行走江湖，丢不丢人！我要投诉！"

"请您不要着急，马上就为您办完了！"听着客户的指责，王东云的汗水从脑门沁出，口中说着安抚客户的话，手里的活计也不停歇。

终于清点完了——

"5分22秒！王东云，你太棒了！这次就由你代表我们营业部去参加县里的点钞大赛吧！"待她捆扎完手里最后一沓钞票，就见师父走进来边鼓掌边说道，那个"客户"也站起来笑着看向她。原来，这是一次"点钞考验"。

师父沈菊艳说的这次比赛，她之前就听同事提起过。听说许多高手都会参加，考虑到自己不过是一个入职几个月的新手，担心丢了洛阳镇营业部的脸面，王东云想婉拒，可师父一再坚持要她去。师父沈菊艳鼓励道："不要没尝试就说自己不行，年轻人要勇于挑战自己！"最后王东云同意了。

只是没想到在这之后还有一个不太愉快的小插曲。一个同事听说她得到了县里比赛的名额酸溜溜地说："你手那么小，钞票抓得都没别人多，怎么跟手大的人比啊？认命吧，你不适合练习点钞，再怎么提升，速度也到顶了！"王东云认真回应道："我一定会尽全力做到最好，决不辜负营业部领导对我的信任！"

　　这次赛前一个多月，王东云的妹妹从自己工作的戚电厂带来了一小截钢圈。当初，常州银行业盛行"手持式单指单张"点钞法，也就是一手持钞，靠另一只手的手指关节频繁抖动来点钞。这种点钞方法的速度主要依赖手指关节的灵活性。

　　刚开始戴上钢圈，手指翻动时仿佛在戴着镣铐跳舞。只练了几天，王东云的手指就被钢圈磨得又红又肿，但她选择咬牙坚持。勤学苦练一星期后，取下钢圈，她欣喜地发现自己手指关节的灵活性大大增强。她继续戴着钢圈练习，直到赛前三天才取下。因为这样的刻苦训练，行业新人王东云一举打败了县里银行界的各位前辈，问鼎武进县点钞技能冠军。短短几年，她就拿了横林镇和武进县区域的好几个第一。

　　"你点钞的本事也就在县里面能露个头，再往外走，指定不行！"又一次面对质疑，王东云依旧心态平和。争论是没有意义的，不如踏踏实实地练习技术，有机会就到更大的舞台上展示自己。

　　拿了好几个第一的王东云没有因此志得意满，依旧不是在单位柜台前练，就是在家里书桌旁练，但她也觉得自己的点钞速度到达了瓶颈，似乎再怎么努力，也不会取得更明显的进步。这时候，由中国人民银行承办的常州市金融系统青年员工点钞比赛开始紧锣密鼓地进行筹备。作为"种子选手"，她又一次被派往新的赛场。

在失利中成长

1996年，《国务院关于农村金融体制改革的决定》提出"农村信用社与中国农业银行脱离行政隶属关系"。政策的调整，让王东云的身份发生了转变，她正式加入中国农业银行。中国农业银行的标志图为圆形，由中国古钱和麦穗构成，古钱寓意货币和银行，麦穗意味着农业发展事业。因为这个标志，农行员工又被贴切地称为"金穗人"。1996年9月之后，王东云就成了一位"金穗人"。

1997年，对于整个国家来说，最值得高兴的事情莫过于香港的回归。

举国欢庆之时，26岁的王东云在亲友的祝福声中牵手了下半生的幸福。由于生活圈子小，王东云工作七年多也没遇到合适的人。26岁，在当时可算得上大龄了，但是聪慧的王东云并不为此感到心焦。和一个合适的人建立小家庭，不能急于求成，只有"婚前睁大眼睛看人，婚后才能闭上眼睛生活"。她始终相信自己会拥有美好的姻缘。

经人介绍，她认识了后来的爱人周纯。原本都不太乐意相亲的两人，见面后，因为有着作为随军家属的相同经历，一见如故，慢慢找到许多共同话题，最后得以携手走进婚姻的殿堂。为了方便照顾小家庭，王东云在婚后选择从洛阳镇调到横林镇工作。

就在这一年，王东云的人生中发生了又一件大事。鉴于王东云在之前参加的几次比赛中取得的喜人成绩，领导推荐她去参加1997年常州市金融系统青年员工点钞技能比赛。不想，这场比赛成了她从业多年来第一次也是唯一一次空手而归的比赛。

"当时，我第一次代表常州农行去人民银行参加青年员工点钞比赛。由于人民银行比赛用的是1元券，和我平时训练的10元券很不一样，一上台我就很紧张，完全不能适应比赛的节奏，最后什么奖都没拿到。"

成名后的王东云不止一次坦言："对于我而言，真正意义上的点钞能力提升，就是从那次失败开始的。"在这场比赛之前，王东云的点钞练习还只靠埋头苦练，谈不上系统，而且她隐隐觉得自己的点钞速度已经达到了上限。所以谈起这场比赛的失败，王东云十分感慨："对我而言，失利并不是坏事，正因为在那之前一直都是赢家，胜利带给我的是过分的自信，它让我迷失，让我看不清自己，让我在比赛中很容易就被想赢怕输的心态左右，从而发挥不出真正的水平，当然事后也发现不光是水平问题，还有方法的问题。正是那次失利让我对'山外有山，人外有人'有了更深的体会，让我明白自己并非战无不胜，认知的狭隘只是因为我没有登上更大的舞台，那次比赛也让我懂得了何谓'进无止境'。"

在1997年的常州市金融系统青年员工点钞技能比赛的赛场上，习惯了"单指单张"点钞法的王东云可真是大开眼界。她关注到，这次比赛中光是点钞手法就有好几种：手提式、食指抖动式、中指抖动式、剥皮式、多指多张式、扇面式……随着选手们的动作，点钞券就如蝴蝶般上下翻跹，如溪水般涓涓流淌。王东云虽然为这次比赛的结果感到遗憾，但更为自己得以开阔眼界而欢喜。

当时取得第一名的是来自建设银行的选手，这名选手在比赛时用的点钞手法十分新颖。一下赛台，王东云主动拜对方为师。可惜那位选手不善言辞，无法准确表达，只是一边演示一边喃喃道："你看、你看……"见此情形，王东云只好默默记住对方点钞的全过程，反复回想和总结，左右手如何更好地配合，如何使力气，一来二去，王东云慢慢琢磨出许多门道。回忆时，她笑盈盈地说起这段虚心请教的经历："当时并没有觉得不好意思，想着她能在常州市内做到顶尖，或许有两把刷子，请教之后发现不止两把，哈哈。"

明确的目标固然重要，对的方法同样不容忽视，方法对了才能事半功倍。经过这场比赛，王东云不再沉浸在过去的胜利里，不再闭门造车，不再只顾速度，她慢慢完善起自己在点钞练习上的诸多不足。比如，在单指单张的训练中，她认识到之前都是用手指把钱一张张往后"拉"，这样就极易带张，影响准确率。经过高手指点和自己反复尝试，她大胆地在点钞时把方向调整为向前"推"，准确率明显提高。"练不下去了，就写心得。记下左手怎么做，右手怎么放，如何用力。在家练习时，就用录像机把全过程记录下来，便于总结。"在成名后接受采访时，王东云如是说道。

翻开那本业已泛黄的笔记本，我们就会明白，王东云确实是把点钞当作一项科研事业去做的。在笔记本中，她有意识地把点钞过程分解成一个个步骤，把每个动作练上成百上千次。比如，散把点钞，她把动作分解为：拿钱、固定姿势、点钞、放多余的钱、扎钞、放钞、盖章。每个动作都务求做到又快又准。单是拿钱这个动作，经过成百上千次的训练，她随手就能拿起100张多一点。这样的细节，于王东云而言也是十分重要的。随手拿起一沓钱，如果少于100张的话，补足张数就会耽误好几秒的时间。

既然是练习笔记，也就不可能都是成功的记录，然而正如万事万物的发展并非直线式前进而是螺旋式上升那样，在反复的比较中，王东云走出了一条自己的"点钞之路"。

在钻研指法时，王东云试着用中指练习了一段时间，发现"中指力大但稳定性没有食指好"。于她而言，食指力小可以戴上钢圈去练，但在点钞这项技艺上，必须稳定和准确。于是她开始勤练食指点钞。为了摒除芜杂的念头，她试着闭上眼睛点钞，她惊讶地发现自己在用食指点钞时更有感知力，准确率更高，还能体察并纠正不良的点钞姿势。王东云转型成点钞教练员后，每当有学员问她某个点钞方法好不好时，她会先闭上眼睛用那个方法点一会儿，很快她就能检验出这一方法的优劣并提出改进意见。

除了钻研点钞手法，王东云也不轻视其他方面的细节。她还自行设计了点钞辅助工具放钞板，并请木匠师傅帮忙制作。这个放钞板有讲究，不会太宽也不会太窄，且有一定坡度以便取钞。还有她原先练习点钞时是蘸水，但她发现蘸水容易粘住钱币，改用甘油还是解决不了这个问题，最后她用上了尿素霜。经过反复实验，王东云发现用尿素霜，蘸多蘸少都不合适，但是如果能一次蘸匀，可以点好一阵子。她不禁为这个小小的发现感到喜悦。

抠细节，反复练，善总结。正是在这样的勤学苦练中，王东云的点钞技艺越来越精湛，她也迎来了属于自己的"黄金时代"。

第三章　彼方有荣光

扫码解锁

◉群英颂歌◉指尖舞者
◉精益求精◉奋斗底色

孕晚期也要追梦

在1997年那次比赛遭遇失利之后的两年里，王东云刻苦训练，努力钻研，"刮刮式"和"小鸡啄米式"点钞法逐渐成形。

模仿只能跟随，想超越必须创新。传统的单指单张点钞法通过拇指关节发力来拨动钞票，关节够灵活却缺少力气。王东云想起了父亲教她打乒乓球时说的话："扣杀时要配合转腰和蹬地的力量，身体最大限度地带动手臂发力，不是光靠手腕。"那么推及点钞，如果手臂肌肉也能参与发力，是不是对点钞速度的提高有帮助？王东云眼前一亮。说试就试，握钞姿势、点钞手法和用力方向，她不厌其烦地反复组合搭配，就宛如孩童遇着最喜爱的玩具般痴迷、投入。

经过一番琢磨，新的点钞方法初具雏形。她一边尝试，一边在纸上写下总结："第一种还是用拇指点，起钞时左手把钞票按压在桌上，但按压方向要由外向内，拇指则向外用力，以便手臂带动手指刮削。第二种就是左手完全掌控住钞票，不能抖动，一沓钞票只露出一个角，利用食指向下点动来点钞。当然，这两种点钞方法都重在依靠手腕和手臂抖动来点钞。"

就如母亲给新生儿取乳名般，王东云想着第一种点钞法好像刮彩票，就叫"刮刮式"，第二种如小鸡在啄米，叫"小鸡啄米式"。在那次比赛铩羽而归后，王东云时刻不忘精进自己独创的点钞手法。

组建小家庭不久，王东云怀孕了。全家人都为这个小生命的到来感到喜悦。即便怀孕，对于练习点钞技艺，王东云也如僧人对待"五堂功课"一般，未曾有一日懈怠过。她说："想要成为点钞冠军，不管是哪个级别的，长期的练习是肯定少不了的，这和其他动作类的技艺相似，三天不练自己知道，十天不练同行知道，一个月不练全世界知道。"

怀孕快八个月的时候，王东云再三斟酌，决定参加1999年的常州市金融系统青年员工点钞技能比赛。一开始，家人并不理解。丈夫得知她参赛的想法，不无担忧地说："你最好还是别去了，训练强度加大，你身体怎么吃得消？而且怀孕月份大了，肯定也影响行动的灵活性，不一定能取得满意的成绩啊。"王东云的母亲也劝她："来日方长，不必急于一时，现下最重要的还是好好养胎。"

王东云知道家人对她的关心和爱护，正因如此，她更添勇气，她动情而坚定地对家人说："这个比赛是中国人民银行组织的，两年才举办一次，一旦错过又要等两年，到时候我还不一定能参加。领导很重视这次比赛，点钞比赛的集训队也希望我去。

我也特别想登上一个大平台，去试一试苦练两年的独创点钞手法。"

见丈夫和母亲态度动摇，她又接着宽慰道："你们不用担心我的身体。你们也知道，我的妊娠反应比起怀孕前几个月，已经减轻很多了，而且这两年多我就没扔下过点钞练习，集训的时候只要常规练习就行，没必要花更多的时间，不会耽误休息。还有，就算最后比赛结果没那么好，也没什么。比起输，我更怕没有拼过！"家人见她思路清晰，也知道她一贯是做了决定就不会轻易改变的性格，更是把她平时的努力看在眼里，最终点了头。

家人同意了，接着就是应对领导的犹豫。那次失利后，王东云在这两年里依旧有许多不俗表现，可以说在江苏农行系统内，她是当之无愧的"名人"，所以一遇上重要的比赛，她的名字是一定会被大家提起的。若是她参加不了，恐怕领导心里还得打鼓呢，生怕缺她便没了好成绩。可是这次见她要在孕晚期参加比赛，领导不免有些犹豫，问她要不要申请换人。王东云坚决地摇了摇头，她感激了领导的体恤，说出的话掷地有声："请领导放心，我并不是勉强参与，我已全面考虑过了，也征得了家人的同意，我能坦然地接受一切后果。"

事非经过不知难。王东云虽然心里已经有了预期，也得到了集训导师的有意照顾，但在应付比平常练习强度大得多的集训时依旧有些吃力。主要是嗜睡这一问题。由于怀孕，她只要练一会儿就感觉疲惫，坐久了又会双腿发麻，一站起来，身体就绵软得犹如浮萍无所依托。但她不以为苦，觉得这是一番以后再也求不到的特别经历，她极富耐心地反复练习和测试自己独创的点钞手法。喜人的是，她的点钞速度不仅远远优于一同参赛的队友，而且与上届点钞冠军的速度相比，也拥有绝对的优势。准妈妈王东云，宛如一株茉莉，势必要在1999年的赛场上舒展自己洁白的花瓣，向所有人释放沁人心脾的芬芳。

正式比赛当天，王东云刚登上常州市金融系统青年员工点钞技能比赛的舞台，时任中国人民银行常州市中心支行的行长便开口问道："怎么怀孕了还来参加比赛啊？"

她不疾不徐，俏皮地回应道："人员紧张，有困难要上，没有困难制造困难也要上！"此话一出，行长笑了，向她投来欣赏的目光，又打趣道："那你可不能一紧张就在比赛的时候生孩子啊，那样可不好办啊！"

王东云心下更放松了，说道："这您放心，我的心理素质肯定过关，不过我这也算两人参赛了，您别算我犯规就成！"两人的这番你来我往，引得不少选手侧目，也让赛场的紧张气氛缓解了不少。

比赛开始了，她独特的点钞手法让在场的观众眼前一亮，那点钞速度之快也令人咂舌。终于，王东云缓缓站了起来，随即又快又准地在钞票捆扎带的一侧敲下一个个小小的签名章，笃笃笃，真如"白雨跳珠乱入船"！待一切平息，众人纷纷为她鼓掌。这次比赛顺利落幕，她荣获"散把单指单张"第二名和"整把多指多张"第三名。从曾经的排名倒数到如今的榜上有名，两年来用心磨炼技艺的王东云终于在这个舞台上证明了自己！

2000年的常州市青工技术大赛上，她再次代表常州农行出战，一举夺得"整把多指多张""整把单指单张"和"整把单指单张反假币"三个项目的第一名，并凭借绝对实力帮助农行参赛队获得了团体冠军。自此，从市级冠军、省级冠军到全国冠军，再到央视舞台亮绝技，王东云一步一步稳扎稳打，声名鹊起，成了越来越多人的榜样！

炼就一颗冠军心

2004年，王东云参加了中国农业银行第二届业务技能大赛，那是她第一次参加全国技能大赛。在那场全国农行人的盛会上，她认识了许许多多的高手。他们和她一样，在业务技能方面刻苦钻研，人人手里有绝活，并一腔热忱地爱着自己的职业。

在单指单张项目中，王东云再一次采用了自己独创的点钞方法。虽然这次比赛她只得了第二名，但新颖的手法和迅捷的速度，让在场的观众无不称赞。比赛后，她还接到了青海省农行的宣讲邀请。

2007年6月，王东云参加了中国农业银行女职工业务技能比赛，获得单指单张点钞第一名，这也是她拿到的第一个全国冠军，并被授予农总行女职工建功立业标兵荣誉称号。在第二年的2月，她还获得了"常州农行先进个人"的荣誉。

为了表彰在中国社会主义各项事业建设中做出突出贡献的劳动者和企事业单位、机关团体，中华全国总工会在1985年开始颁授"全国五一劳动奖章"和"全国五一劳动奖状"，这两个奖项都是中国工人阶级最高奖项。这两个奖项评选严格，一般由省、自治区、直辖市的总工会和全国产业工会申报，经由全国总工会审定批准，层层审查，接受社会监督。

早在2007年4月，王东云就获得了市级五一劳动奖章。在2009年，为了进一步褒奖王东云在银行点钞领域的卓越贡献，经由层层筛选、把关、审核、检验，她首先拿到了中国金融工会授予的"全国金融五一劳动奖章"，接着又荣获中华全国总工会颁发的"全国五一劳动奖章"。

时间来到2012年，中国农业银行第四届业务技能比赛在北京举办。一番角逐后，王东云顺利获得中年组单指单张点钞项目的第一名。在她看来，这个"第一名"是那样弥足珍贵。

起初，王东云并没有那么强烈的参赛意愿。2004年起，她就开始用心培育一批批优秀的后辈，所以这次比赛，她更希望站在年轻人的身后，为他们的成功提供力量。

她也如实地向同事和领导说明了自己的想法："这项比赛几

年才组织一次，如果我参加，必然会占用一个名额，那些年轻人意气风发，更需要崭露头角的机会！"

考虑到常州市甚至江苏省农行系统都还没有年轻人能够超越王东云，如果她不参加，可能会降低团队在全国性比赛中取胜的概率。反过来说，她如果拿了全国大奖，对市里乃至省内的农行年轻人来说也是一种激励。

四十出头的王东云又有些担心自己的年龄不占优势，如果出现什么偶然性问题，取不到优胜，就辜负了领导和同事们对自己的期待。听她那么讲，领导和同事们反复劝说。他们都相信她的能力，而且无论结果如何，都不会将责任归咎于她。他们只希望她能够放下心理压力，尽其所能地去准备比赛。身处这样团结友爱的工作环境，王东云心里十分感激，终于决定参赛。

当时她已功成名就，点钞水平跻身全国一流，然而依旧谦逊平和。为了备战比赛，她前往位于南京的农银大学（江苏分校）①，争分夺秒、心无旁骛地练习。在她看来，点钞的量的积累是必要的。虽然在平时的工作中，她也会一直接触点钞，但要想在短期内取得大的进步，必须大量地练习。

每天，只要一坐定，王东云就开始长达十几个小时的点钞训练。起钞、握钞、点钞、记数、扎把，她一丝不苟地完善着每一个细节。每每训练完，她都必须撑着桌子才能站起来，脚底虚

---

① 农银大学（江苏分校）位于南京市鼓楼区，是中国农业银行江苏省分行开办的职业技能培训学校，主要供内部员工培训使用。

浮，手指酸痛僵硬得握不住吃饭的筷子。

谈到这些集训的经历，王东云有自己的感慨。她觉得，这些经历就仿佛为维持身体健康而不得不咽下的苦药。不经一番寒彻骨，怎得梅花扑鼻香？为了在某件事上取得超越，就需要不断地挑战自我，做那些看似很难做到的事。她说："人生中一旦有过这样的经历，并咬牙挺了过来，就会平添战胜任何困难的勇气。"

作为已经成名的选手，参加过前两届全国性比赛的王东云也兼任集训队教练。她像培训自己的入门弟子一样竭尽所能地指导其他队员，毫不吝惜自己的经验。最终，不仅王东云自己取得了好名次，整个江苏集训队也取得高于第二名96分的团体总分，在全国农行系统37家代表队中脱颖而出，获得团体冠军，这也是江苏分行第一次荣获这种全国大赛的团体冠军。这对于王东云个人以及整个江苏农行，都是当之无愧的高光时刻。

区级冠军、市级冠军、省级冠军乃至全国冠军，王东云几乎拿遍了她所在行业的所有奖项。人人都赞她有一颗冠军的心。当被问及是如何炼成这颗冠军心的，王东云首先想到了自己的工作经历。

曾经，刚入行的她，面对一堆碎钞一筹莫展。而且，银行柜台是一个相当磨炼人性格的地方，要求员工必须要有细致的耐心、熟练的技能以及对工作的热情。1990年到1997年，她在洛阳镇营业部凭着一本笔记本、一把算盘、一支笔，每天重复着几乎不变的工作内容，但她毫不懈怠。点钞速度快了，办业务效率高了，原本躲着她的老客户们都自觉地排在了她的窗口前。1999年到2006年，她调任湖塘分理处总出纳。在做这份工作时，王东云每天都要清点4万张左右的残破币，最多的时候清点量达6万张之多。

2006年，王东云告别了柜员岗位，在常州武进支行担任管库员。为了不耽误其他同事的工作，她成了每天第一个到岗最后一个离岗的人，也没有了双休日。即便轮休，她也要起早贪黑地去开门和锁门。出于对农行的信任，武进公交公司选择在农行开户，每天都会存入好几万的硬币，重量可想而知。这批硬币需要搬运并清点入库，每隔几天还要再搬出库，最后运走。除此以外，王东云每天还要清点大量的1元纸币。虽然每天工作繁重，但是她毫无怨怼之心，始终满怀热情，并认真地把那些简单的事做到了极致。

入行三十多年，难免在工作中遇到糟心的事，比如客户的投诉和抱怨、同事之间的误解和避无可避的差错等，然而王东云从一开始就尽全力去面对、去解决，直至做到如同点钞一样得心应手，获得了诸多赞誉。

王东云谦虚地说："并不是我的能力有多强，而是在遇到棘手的、令人抓狂的事情时，我逐渐学会了抛开个人好恶，始终以疏导情绪、解决问题为导向。事实上，在经历过很多事以后，你会由衷地发现，发脾气迁怒他人，不仅会影响你的心情，还会扭

⊙ 王东云练习点钞的照片（1）

曲你的判断。发泄情绪是本能，控制情绪是素养。一味地发泄，迁怒他人，只会害人害己。"如果听过王东云的宣讲，一定会感觉到，说出那些不事雕琢的语句的声音，是那么平和笃定。面对这样的夸奖，王东云笑着说："年轻时我的性格一度是很急的，遇到不顺心的事也爱发脾气。后来我听到一段很有意思的话，'上等人，有本事没有脾气；中等人，有本事也有脾气；末等人，没有本事而脾气却大'。我觉得非常有道理，哈哈，谁不想做上等人呢？！"

多年的基层工作，带给她平稳的性格和心态，这也是一颗冠军心的重要组成部分。比起目的地，她更愿意欣赏路上遇到的风景。

"人生中没有那么多必然属于你的东西，做任何事都要对自己充满信心，不要认为用尽全力就必然能获得命运女神的垂青，应学会与过去的荣誉和未知的失败和平相处。"王东云真心觉得，学会归零，比赛时反而能够获得更好的结果，生活上亦是如此。

王东云的一颗冠军心，在多年基层工作中获得滋养，在各种比赛中被反复锻造。她用这颗心成就了自己，也将影响着无数的后辈。

敢与机器试比高

生于1971年的王东云，青少年时期正赶上20世纪八九十年代港台武侠剧如火如荼的势头。瞧着荧幕里侠客们的热血故事，"武侠梦"便如同一棵树苗般在年轻的王东云心里扎了根，悄然生长，只留待某一天花开满枝，让人们艳羡它的美丽。

"年轻时，虽然银行乡镇基层员工是我的职业选择，但我最希望的是能够实现自我，成为一个轻生死重承诺的侠客。我总觉得体内有一股浩然之气，有另外一个版本的自己等待被发现。"王东云这么说道。

那么，在今天，我们还能成为一个"侠客"吗？

面对这个问题，王东云的言辞笃定，说出了自己对"侠客"一词的理解："每个人都可以成为侠客，无论工作多艰难，多平淡。成为侠客，只需要在每一天都完成好自己的工作，只需要在漫长的职业生涯里全力以赴地去修炼，去成长。"

对于王东云本人来说，即使每天面对着看似重复单调的工作，甚至多年里全年无休，她也要在平凡的岗位上如同侠客练剑一般磨炼点钞技艺。一旦要参加大大小小的点钞比赛，她就会带着检验自己的喜悦登上"比武台"。

据估计，参加赛前集训时，王东云每天练习点钞大约18万张！那么这个数字是怎么计算出来的呢？原来，按照王东云的点钞速度，每分钟能点300张左右，一个小时就能达到18000张，平均每天点钞10多个小时，所以18万张还只是保守估计的数量。

在演讲的时候，为了方便大家对每天点钞18万次的理解，王东云解释道："没有大量点过钞的人，可能对18万张没有感性的认识。那么，可以想象一下，如果把这些钞票垒起来，大约有20米，差不多有6层楼那么高。如果平铺在地上，有4个篮球场那么大，一张一张连起来达25公里，比半个马拉松赛程还要长。"

所以，虽说外界总会赞她是"点钞天才"，但是王东云明白自己并非天赋异禀的"侠客"，不存在突然的逆袭，只能勤勤恳恳走好每一步，日日夜夜、岁岁年年地坚持。她一直在做的，就是将平凡的事情做到极致，如《卖油翁》里的那句"无他，唯手熟耳"。

"你都获得全国点钞比赛的冠军了，不如试着和点钞机比一比，也挑战一下自己！"2016年的一天，听到好友那么说，王东云很感兴趣。是啊，人人都戏称她是"人肉点钞机"，怎能不和真点钞机赛一赛呢？

只是没想到，她有意挑战点钞机的消息不胫而走，成了当年常州银行界的热门话题。消息传出，大多数人表示不解，不相信人能够胜过机器，甚至怀疑她因为出名飘飘然了，不过是为了引起关注而耍的花招。但也有一些一直关注王东云的人，十分认可她的实力，觉得她可以完成这项看似异想天开的挑战。

早就穿过重重迷雾的王东云，已然不会为那些质疑的声音所困扰。她明白自己只是一个普通人，不愿为声名所累，也不想活在他人的想法里。他人的质疑和尊重对她来说，远远不如做自己真正想做的事，不断地充实自己有限的生命来得有意义。

说做就做是王东云一贯的作风，只是想法有了，要怎么去落实呢？具体该如何跟点钞机比试？选择数多少沓钱合适？是用一台点钞机连续点钞还是多台点钞机依次点钞？该不该公开举行对决？

王东云细致地考虑起来。如果只用一沓钱，时间太短，不容易拉开差距，也存在偶然性，未必能赛出结果；但是也不能用太多钱，过多的话，赛时就会拉长，人可不像机器那样无知无觉，长时间点钞后，人一定会感到疲劳的。

经过慎重的考虑，她将点钞数定为5沓，每沓在90到120张之内随机定好数目，保证每沓数目不同，比赛之前由裁判分好同等数目的两份，她与点钞机谁先点完谁就胜出。

点钞机本身是不能自动放钞的，所以就需要一名熟练的点钞机操作助手来帮忙。王东云原本计划用一台点钞机，连续点5沓，但考虑到每1沓点完都要分别计数，才能重新点钞，肯定会耽搁点钞机操作助手的时间。因此，改为用5台点钞机一字排开，助手依次放入钞票，每点完1沓便立即用扎把机捆扎。点钞机上的屏幕会有张数显示，这样方便观众对照比较两者的结果，以便验证王东云点钞的准确度。

解决了这些问题之后，王东云便开始积极地准备起来。要在那么多的点钞方法中选出5种来比赛，需要十分慎重。那么如何才能事先测出自己的胜出概率呢？

她先是用秒表测试点钞机的速度，记录下90到120张的每一种数目的分别用时。之后在相同数目下，分别计算出自己点钞所需的时间。只要保证在每一种情况下都占优势，那便可夺得胜利。

王东云先用了单指单张点钞法，发现这样做比点钞机慢了不少，即便在捆扎上能够赢回一点时间，也几乎没有赢的可能。她改用四指四张点钞法。这种指法就是通过四根手指间的相互配合，一次就可点四张，点钞速度显著提高。

经过一番探索，王东云已然胸有成竹。点钞机的速度是恒定的，而她在拿钞、捆扎等环节都有明显的优势。只要她在赛前努力磨炼，赛时稳扎稳打，胜利的果实大概率就会归于自己。

为了回应大众的质疑，王东云选择在网络平台上直播比赛过程。一打开直播间，这场人机间的比赛便吸引了大量观众。

比赛开始了，一手拿钞一手点钞的王东云很快进入了状态，不再关注观众的视线，不再理会纷乱的猜测，专心地点着手里的钞票。捻、戳、抓、推、拨，王东云点钞就如同浔阳江上的琵琶女拨弦，手指灵活而带有一种美妙的节奏，一沓钞票点完、捆扎，再一沓点完、捆扎，又一沓点完、捆扎……

观众的视线在点钞机和王东云的手指间紧张地来回切换，突然惊觉在王东云已经点完并捆扎好最后一沓钞票的时候，第四台点钞机才刚刚开始吐钱。在场的四位裁判都感叹王东云不可思议的点钞速度。再看直播间观众的留言评论，比之前多了太多称赞的声音。

王东云已经让观众见识到了她的点钞速度，那她能否正确说出五沓钱的数目呢？王东云微微一笑，按顺序报出了五沓钱的数目，裁判依次揭开点钞机屏幕上的纸，完全一致。

见此情形，现场的观众全部激动得站了起来，为王东云的点钞绝技热烈鼓掌！

数钱也能拿专利

2019年9月4日下午，常州市第二届"龙城工匠"颁奖典礼在现代传媒中心金色大厅隆重举行，表彰为常州经济社会发展做出突出贡献的"龙城工匠"和"龙城技能标兵"，意在弘扬新时代工匠精神，动员全市广大职工向榜样学习，力争用更好的成绩向新中国成立70周年献礼。在这场盛会上，"点钞神人"王东云光荣地接过了属于自己的奖杯！

"当一摞钞票遇到她的一双巧手，精确制导、分厘不差。她用行动告诉所有人，靠着一双比机器更快更准的巧手，怀着一颗对卓越不懈追求的初心，在平凡的岗位上将平凡的事业做到极致，即是最不平凡的工匠精神。"这是组委会授予她"龙城工匠"荣誉称号时的颁奖词。

王东云回忆，能够获得这项荣誉，与她自创的点钞手法成功申报专利有着十分密切的关系。王东云提交材料时，组委会的一位专家一眼看到了她的点钞指法专利证书，不无惊讶地感叹道："点钞也能拿专利，真不容易！"取得一项专利证书，最要紧的就是技术得过硬，让人们看到它的价值，而且还要有保护技术的意识。

前面已经说过，二十多年前，王东云就自创了"小鸡啄米式"和"刮刮式"点钞手法，大幅度提高了点钞的速度，省时省力，而这两种手法也让她在多场点钞比赛所向披靡。正是因为这两种点钞法有着大家都看到的"好"，许多参赛选手也开始采用，这两种手法为中国点钞界添上了浓墨重彩的一笔。

"东云，那两种点钞手法确定是你独创的？在你之前没有人在比赛中使用过？"

"领导，您上次不是问过我了吗？我向您保证，这两种点钞手法就是我自己钻研出来的。"

"那就好，咱们银行正打算帮你完成一件好事。"

"什么好事呀？您先透露一点给我呗。"

"不急不急，等有眉目了再告诉你。"

没过多久，这位在20世纪80年代末期毕业于中国人民大学法律系的领导又找到了王东云。这一次他选择开门见山。

"东云，咱们银行打算为你自创的点钞指法申请专利。"

"专利不就是起到技术保护作用的手段吗？那样不就形成技术壁垒了？虽然这两种点钞手法是我独创的，但是我并不想限定它们的使用人，我愿意让更多同行了解并在工作中、比赛中使用它们。领导，您要知道，别的选手用我的点钞手法在比赛中取得好成绩，对我来说也是非常值得高兴的事呀！"对于申请专利这件事，王东云直接表达了自己最真实的想法。

面对王东云熠熠生辉的眼神，领导深深地为这个江南女子的善良慷慨而动容。他耐心地解释道："我明白你的顾虑，但是申请专利并不是为了限制，而是为了更好地彰显我们农行所倡导的精益求精的工匠精神，展现我们农行人开拓创新的精神风貌。你不觉得这也是十分重要的吗？"

领导一点拨，聪慧的王东云豁然开朗。她欢喜地说道："我明白了！我一定全力配合咱们银行，争取早日拿下专利证书！"

2017年7月，由中国农业银行常州分行的工会牵头，王东云走上了专利申请之路。在负责此次专利申请事宜的谢嘉乐副主任看来，这一次的专利申请难就难在是农行甚至整个银行系统内的第一次。在毫无前人经验的基础上去实现零的突破，这固然令人骄傲自豪，但也好比船只夜间航行在陌生的水域。他坦言道：

"有时候在外人看来事事顺利的背后，往往隐藏着不为人知的波折和艰辛。虽然我们事先已经预估到可能存在的困难，但是没想到当头一棒来得这么快。"

为了弄清楚专利申请的流程，常州农行向国家知识产权局进行了专利申请咨询。在详细说明了情况之后，国家知识产权局的工作人员向他们说明了一个事实：凭借一个动作申请专利这件事，既没有先例也不符合规定。也就是说，即使王东云能够证明那两种点钞手法是自己独创的，也无法把它们认定为专利。

这样的当头棒喝让常州农行和王东云都心有不甘，也不想就这么放弃，然而接下来要怎么做呢？这时，国家知识产权局体贴地给出了一个方案，那就是通过专业的知识产权代理机构来寻求解决办法。很快，常州农行就联系上了北京中政联科专利代理事务所。

这家专利代理事务所在全面了解情况之后，很快就给出了一个解决方案。既然国家规定不能凭借一个动作申请专利，那不如"曲线救国"，即依托独创的点钞手法，设计出具有相同点钞原理的装置或设备，再以点钞装置或设备的名义来申请专利，那么专利获批的可能性就大大增加了。

听到这样的解决方法，王东云十分感慨："专业的就是专业。本以为没有希望了，没想到事情一下子迎来了转机，这不就是'山重水复疑无路，柳暗花明又一村'吗！"

那么接下来需要面临的挑战，就是按照王东云独创的两种点钞手法，设计出相应的点钞装置或设备。既然要申请专利，那这种装置或设备一定要有创新性、专业性和实用性。考虑到她本人和常州农行的其他人都不精通机械设计，只得再次求助于专业的机械设计公司。

机械设计公司的工作人员听到"刮刮式"点钞法的声音，大受启发，又结合王东云的设想和要求，设计出了一种实用新型点钞声音统计装置。传统的点钞机在结构原理上比较复杂，然而这种点钞声音统计装置巧妙结合控制器与拾音器件，从而实现点钞数量的统计，大大简化了结构。人们在使用这种装置时，只需将收音筒对准点钞声音的来源方向，就能够准确统计出点钞数量。

在使用"小鸡啄米式"点钞法时，起钞时左手需要将钞票向内按压在桌上，右手拇指则向外用力，依靠手臂带动手指刮削。于是，机械设计公司设计出了一种计算机智能点钞装置，通过机械手掌和五个仿生机械手指，模仿这种点钞法的起钞和手指配合运行轨迹。有了这样的装置，银行出纳人员长时间反复查点钞票时劳动强度大的问题也就有了解决的方法，大大提高了清点钞票的效率。

为了进一步沟通洽谈专利申请事宜，农行邀请专利代理事务所的相关负责人到王东云劳模工作室做客。代理机构的工作人员发现工作室的展台设计非常有特色，认为可以进行外观设计的专利申请。同时，工作室两个亮眼的LOGO图标也有必要申请注册商标。这些对王东云来说，真是喜上加喜。于是，在取得两个点钞指法专利证书的同时，王东云还拿到了一个外观设计专利证书和两个商标注册证书。后来，那两个注册的商标也在工作室的宣传片、扇子、文化T恤衫等文化宣传产品中用到了，点缀着工作室昂扬向上的面貌。

自夏到冬，整个专利申请筹备工作经历了大半年的时间，两个设计也是经过多次沟通几番更改才最终敲定，在第二年的五月初正式拿到专利证书。回顾这场专利申请之旅，王东云深有感触："本以为专利申请会很快，没想到从提交申请到成功，历时一年多。整个过程，就像是在专利代理事务所的指导下，进行的一场打怪游戏，关关难过关关过，每一关都环环相扣，参与其中的人都觉得头顶悬着一把剑，生怕游戏随时中途结束。"

还好，这一关终究是完美地跨过了。她又说道："有时候敢想的同时还要敢做，不要在还没做一件事之前，就不假思索地给自己设置一条绊马索，认为这事不可能，那事做成难，关键还是要行动起来。一旦付诸行动，就会发现很多假想出来的困难往往并没有那么难，很多现实的困难也不过是纸老虎罢了。"

是呀，虽前路漫漫，一步接一步地走下去，亦能前路灿灿！

第四章　大众舞台扬美名

扫码解锁

◎群英颂歌◎指尖舞者
◎精益求精◎奋斗底色

谁是"超级银行柜员"（上）

2005年10月28日，为了进一步贯彻落实《中华人民共和国职业教育法》和《中华人民共和国劳动法》，适应全面建设小康社会对高素质劳动者和技能型人才的迫切要求，促进社会主义和谐社会的建设，国务院发布了《国务院关于大力发展职业教育的决定》。为积极响应国家对于职业教育的号召，中央电视台科教频道全面改版，一档名为《状元360》的节目在2005年12月应运而生。

"三百六十行，行行出状元"。正如节目名字所昭示的那样，这档节目是以职业技能竞技为表现核心，以活动化推广为宣传模式进行的。节目组每期会选择某个行业，并挑选行业内顶尖选手，精心安排竞赛项目，以便让高手们在比赛场上一展绝技，决出最后的胜者。王东云和丈夫周纯都是这档节目的忠实拥趸，每到周末，夫妻俩就通过这个"窗口"去见识那些普通人的不平凡之处。比如，聚焦叉车司机行业的这一期，参赛选手竟能操作叉车巨大的爪子去开启小小的啤酒瓶盖，还能用叉车前端的电磨机磨断灯泡上绑的铁丝，关键是啤酒瓶和灯泡还毫发无损！王东云知道，他们和她一样，是深深痴迷于自己所从事职业的人。唯有如此，才能练就如此高超的职业技艺。

见王东云看电视的时候手上也练着点钞，爱人周纯常常对她说："东云，我看你也可以上这个节目，用点钞技术展示你们行业的风采！"

就在这时，命运女神向这个受阳湖水哺育的江南女子抛出了橄榄枝。《状元360》的导演王小琳来到农业银行挖掘点钞高手，通过多次推荐与内部比赛，数名高手晋级，王东云的名字赫然在列。

王小琳虽然没有见过王东云本人，但对她早有耳闻。原来，一位点钞高手早就向王小琳提过王东云，夸赞她精妙的点钞技法。

说来也巧，总决赛就设置在中国农业银行常州分行辖下的武进支行。自2006年起，王东云就被调到常州农行武进支行工作了。这是一个设在家门口的赛场。后来，王东云在王小琳那里了解到，之所以把决赛地点选在常州，一是因为常州有一个符合比赛项目"冰窖点钞"要求的大冰窖，二是因为武进支行的一楼大厅高度适合摇臂拍摄。

多年后，央视导演王小琳在谈到对王东云的最初印象时，依旧赞不绝口："第一次见到王东云，就感觉她性格温润，随和安静。后来在准备拍摄期间有很多道具和场地的细节需要协调，王东云都一马当先出面协调，甚至主动关心来自全国各地的选手生活上的细节，让人感觉她不像选手，倒像后勤部长。选手赛前练习遇到各种问题，她也跑前跑后联系解决，极尽地主之谊。王东云就是外柔内刚的典型代表，她说话声音不大，但都是深思熟虑以后才发言，干活儿不动声色，但很能抓住重点，有四两拨千斤的智慧。"

2009年8月的常州天气炎热。盛夏的阳光灼照大地，王东云清晰感知到内心的焦灼、紧张，更多的还是期待。这场决赛一共有六名参赛选手：1号选手范静波，2号选手庄玲玲，4号选手袁卫华，5号选手韩立春，6号选手冯灵芝，以及3号选手王东云。

第一轮，选手要比的是"30秒速点"。在这一轮里，王东云抽到的是3号。她选择用独创的"小鸡啄米式"点钞法来比赛。这种点钞方法因为手腕抖动幅度小，手指灵活，大大提高了点钞速度。最后王东云以"30秒速点195张"创造了新的世界纪录，是本轮的第一名，顺利拿到了6分。

第二轮，比赛项目是"打包钞票"。这是一项银行柜员的基本技能。通常来说，100张百元钞票放在一起作为一把，用纸条捆扎牢固，最后为了明确责任，需要在本扎钞票的捆扎条上加盖点钞人员的签名章。10把捆扎成一包，也就是10万元为一包。这样就能大大缩短取用大笔现金的顾客的办业务时间。

只见比赛桌上已经备好90万元钞票，每位选手需要完成30万元的打包。要求就是在追求速度的同时，注重捆扎质量，每一把都不能脱落，每一捆都要齐整，而且在盖签名章的时候，不能出现盖漏盖偏的情况。全部打包结束后，专业评委会进行点评，如果有不符合要求的地方，每出现一处错误就罚时10秒钟，谁用时最少就获胜。王东云和另两名选手一起上场。原本王东云是第二个数完，没想到另外两位选手都有不符合要求的地方，因此被罚加时，没有任何错误的她逆转成了第一。后上场的三位选手有了前车之鉴，在比赛时都显得更为谨慎，最后也都没能超过王东云在这一项上的成绩。所以这个项目王东云也拿到了第一。

时间来到第二天，选手齐聚在赛场上，忐忑地等待着新的比赛项目开场。

第三项比赛叫"可怕硬币"，需要在室外进行。那天常州的室外气温达到了35度，又没有一丝风。在绿茵茵的草坪上，六名选手身前是一个比赛桌，距一个装满硬币的盆大概50米，需要选手从比赛桌快速跑至硬币盆，从盆里抢到尽量多的硬币后放回比赛桌上，再每50个硬币捆扎成一卷，10分钟内捆扎卷数最多，而且每卷硬币数目都准确的人就获得胜利。因为在体力和年龄上不占优，王东云心里虽然没底，但也全力以赴。最终王东云打了10卷，错了3卷，只拿到了第五名，不过在总分上依旧稳居第一。

刚在室外接受过炎热的考验，第四个比赛项目却要在零下15℃的冰窖内进行点钞。这可不是节目组刻意为难，而是为了模拟银行柜员寒冷地区的办公条件。中国拥有幅员辽阔的土地面积，银行柜员的足迹遍布千山万水。在我国的新疆、西藏、青海等寒冷地区，为了更好地服务各个牧区的牧民，银行柜员需要提着现金箱流动办公。在零下30多度的极寒环境中，这些地区的银行柜员即便穿着严实，也挡不住冷风无所顾忌地钻入身体，无情驱赶好不容易贮存起来的温暖。给牧民们点数现金时，银行柜员必须脱下厚实的手套，哪怕手指冻到僵硬发红，也要一丝不苟地数好每一张钞票。

进入冰窖，主持人说了规则：数3把100张左右的钞票，在90秒内报出3把钞票各自的准确张数，在保证张数准确的前提下，用时最短的人获胜。在这项比赛上，王东云一进入冰窖便搓手哈气，又是微笑，又是深呼吸，以便驱赶寒冷，缓解紧张情绪。最后3把钞票数目全部点对，用时55秒，仅次于第一名的45秒。

谁是"超级银行柜员"（下）

因为整个赛程采用的是末位淘汰制，所以韩立春和袁卫华两位选手遗憾离开赛场。这不免令身为"东道主"的王东云感到压力满满。从个人方面出发，她当然也想要取得好的成绩，只是还有更深层次的原因，她觉得自己是代表着常州农行，已经不单单是为了个人的荣光去奋斗。

在比赛的间隙，王东云去见武进支行的办公室主任朱新中。她直接对朱新中说道："我坚持不下去了，压力太大，感觉自己被压得喘不过气。"说着说着，王东云的泪水抑制不住地滴落。

与王东云共事多年，朱新中知道她不是一个容易退缩的人。在王东云的眼神中，朱新中不仅看出了紧张不安，更有熠熠的希冀之光。如今她这般说，是把自己看作了可以交付真心的朋友，期盼自己能够做些什么来为她增加勇气。

朱新中递给王东云一块巧克力，轻声说道："不要多想，尽力就好，我们都是你的后盾。"王东云接过巧克力，背过身去，恰有一阵夏日晚风抚过她的发顶，吻过她的脸颊，也在她的心田激起一圈一圈的涟漪。

品味着甜味和苦味相伴的巧克力，听着风儿过耳的呢喃，她想起了对点钞这件事最纯粹的欢喜。她喜欢点钞，就如儿时吃上了太婆做的美味红烧肉，就如曾经和妹妹在故园小路上快活地玩耍，就如在乒乓球桌前肆意挥舞，稳稳打出或者接下一个又一个好球。

又一次想起每次比赛前，她对自己的提醒："要学会合理使用体力，要全力发挥出平时练习的技术水平。在心理上，既要有赢的决心，也不害怕失败，务求把自己调整到最佳状态。"拭去眼泪，她再一次充满了勇气。王东云转向朱新中，坚定地说道："我可以！"是啊，我们不用苛求自己一直无懈可击，宛如超人。一时的脆弱不是懦弱，每个人都可以是擦干眼泪，依旧奋力向前的平凡勇士。

天渐渐黑了，第二轮淘汰赛正式开始。整个赛程进入了第五个项目——"抗干扰点钞"。选手需要点出10万元，每1万元一把进行捆扎，并且需要在清点捆扎时，正确回答主持人舒冬随时提出的四个问题。如果数目点错、问题答错或者捆扎不合格，都有相应的罚时，总计用时最短的选手取胜。

这一项考验的内容，可以说是银行柜员每天都会遇到的事情。客户来柜面取钱，往往会在柜员点钱时，时不时问上几个关心的问题。为了礼貌服务，银行柜员往往需要及时回答客户。因此，为了保证点钞在这种情形下依旧又准又快，除了指法娴熟外，也需要手到心到。比赛时间倏忽而过，王东云凭着4分59秒的成绩位列第二，与第一名的成绩仅有3秒之差。

就如王东云所言，作为国内的顶尖高手，大家的水平都差不了太多，最关键的还是保持好心态。

第六项是"蒙眼识假币"。选手需要蒙着眼，在300张百元大钞当中，用手摸出4张印着"假币"字样的假钞，限时4分钟，也就是说选手平均0.8秒就要摸一张钞票并准确识别。作为银行职员，识假币的功夫肯定是要掌握的。"眼看""手摸"和"耳听"是最常见的辨别人民币真假的基本方法。从业多年，王东云常常反复研究银行收缴的假钞。日脚见长，她识假币的功力已经炉火纯青。只是这次比赛，选手需要将眼睛蒙起来，单凭触觉来找出假币，对王东云来说算是初体验。

轮到王东云了。她深吸一口气，左手抓握着钞票，右手配合左手有节奏地"捻"，每一下停顿，都会干脆利落地抽出其中的假币。即便主持人已经倒数，她依旧有条不紊，顺利挑出所有假币，用时3分55秒。自此，"蒙眼识假钞"就成了王东云的一门绝技，2009年年底她还凭借这个绝活在常州市武进区金融丽人大赛上大放光彩，夺得"最佳才艺奖"。

经过激烈的积分赛和残酷的淘汰赛，只有范静波和王东云来到了"超级大比拼"环节。两位选手需要通过连续完成小键盘录入、外币兑换、散把整点和差错点钞四项任务，以最终用时来角逐最后的冠军宝座。

主持人的开始口令刚一落地，现场立即响起一阵"滴滴答答"的敲打键盘声。要想准确打出传票上的数字，眼睛看数字、左手翻传票和右手打小键盘三个方面的速度必须协调一致。要知道，加上小数点前后，传票上的数字最长可达到七位数，对选手盲打熟练度的要求可见一斑。范静波首先完成这一项。接着又进行外币兑换的任务。拆开信封，范静波发现自己需要兑换的是港币。她沉着冷静，很快就换算完成。王东云有惊无险地完成了第一项之后，也接着抽出信封里的英镑。

外币兑换虽然是银行柜员的基本技能，但王东云平时在岗位上并没有接触太多。第一个比赛项目相对落后，第二个比赛项目又是自己的弱项，王东云心里的紧张感突然又如蜘蛛网般密密麻麻。在比赛的过程中，主持人会宣布上一项任务的结果。范静波的第二项任务被宣告完全正确时，王东云正在填写外币兑换单。

"当对方领先我近十秒的时候，心里没有压力是不可能的，毕竟点钞比赛就是在分秒之间决胜负。"但王东云依旧遵循着赛前对自己的告诫：顶住压力，定心比赛，要准也要稳！终于，王东云顺利完成了第二项任务。

第三项任务是"散把整点"，即把11万元散开的钞票摆放在桌面上，选手需要每点出1万元就进行捆扎打把，共需要完成10把。这一项任务对王东云来说，就熟悉得多了。她再一次拨动自己的右手食指，展示"小鸡啄米式"单指单张点钞指法。范静波则依旧采用"刀削法"，也就是左手抓住钞票，右手食指像刀削一样掀过一张张钞票。在范静波和王东云都进入第四项任务时，第三项任务的统计结果出来了，她们两位都完全正确。也就是说，对于谁能成为冠军，两人第四项任务"差错点钞"的完成程度至关重要！

最后，范静波率先完成比赛，总用时9分40秒。王东云紧跟其后，总用时9分48秒。两位选手站在一旁，等待着评委们验证她们点钞报数的准确度。巧合的是，两位选手都在前九把的报数中出现了一次失误，分别罚时10秒，依旧存在8秒的差距。那么究竟谁可以夺得最后的桂冠呢？

"好，比赛结束。我们看看两位选手最后一把的成绩。"

"1号选手正确8把，失误2把，罚时20秒。最后用时10分钟。"范静波竟然在最后一把报错张数了。

"3号选手正确9把，失误1把，罚时10秒，最后用时9分58秒。"仅2秒之差！

接过时任中国农业银行常州分行党委书记、行长强欣荣颁发的奖杯时，王东云对着电视镜头莞尔一笑。一瞬间，王东云觉得万事万物都安静了下来，只余下一股暖意在全身自在悠游。

挑战不可能（上）：缘起

2015年8月，央视的《挑战不可能》节目正式播出，这是一档举全台之力重磅推出的大型励志挑战节目。正如它的名字，这档节目旨在探索人类自身的极限，开掘生命的潜能，对那些生于平凡但超越自我的人致以最高的敬意。

经过调整，2016年，《挑战不可能》第二季更多地聚焦普通人的非凡技能，推出"中国制造""大国工匠"等系列挑战，以展示各行业人才的风采，向工匠精神致敬，传递正能量。王东云和她的徒弟们每次观看这档节目，都为选手们的表现啧啧赞叹。她认为，在天生我材之外，更多选手做的事情和自己无二，那就是在平凡的岗位上，把简单的事情做到极致！

2017年5月的一天，王东云停下自己手边的工作，瞧见窗外日光灿烂，万物明媚。于是她走出办公室，看花看草看飞鸟，目之所及的一切都融进亮黄色的底色里。

"丁零零……"沉浸在一派祥和里的王东云，突然被手机铃声给惊醒了，拿起一看，原来是山东的一位老朋友荆红强。

她和荆红强是在农行的公益活动"三演团（演出、演示、演讲）"中认识的。当时，王东云在台上用自己独创的"小鸡啄米式"手法飞速点钞，荆红强大为欣赏。

荆红强本人也是点钞能手，获誉无数。他曾经多次登上中央电视台，参加过《星光大道》《状元360》《旗鼓相当》等多个节目的录制，还在2007年代表全国金融系统，参加了中央电视台《星光大道》栏目五一特别节目，表演了多指多张点钞。因此，凡是与点钞有关的比赛或节目录制，荆红强总会率先进入央视导演的视野。

那么这次，他会给王东云带来怎样的消息呢？

"东云，有件事，是关于点钞比赛的，你肯定会感兴趣。"

"红强，你知道我现在主要负责点钞培训，培养新人，很少参加现场比赛了。如果你有好的机会，我希望能够推荐我的徒弟们参加，我这有好几个全国冠军呢！"想起徒弟们，王东云脸上带着骄傲。

"这次比赛是中央电视台《挑战不可能》节目策划的。他们初步的想法是蒙眼双耳听音，也就是把双眼蒙上，靠耳朵听出所点钞票的张数，而且计划安排两位点钞高手在选手左右分别点钞。"

荆红强继续说道："节目组的人来找我，我一听这个形式，便直接表示我完成不了这个挑战。但是我第一时间想到了你，所以就来问问。如果你不参加的话，那这个挑战估计就没人能够完成了。"

"红强，如果两边的指法和频率都是一样的话，对我来说其实没有难度。我这些年做点钞培训，平时都是看着几十个学员一起练习，很多时候就需要用耳朵去听他们点钞的数目。学员进行单指单张点钞，一点错我便能听出来，再上前去指导，后来听着点钞声数数就成了习惯。真要挑战不可能的话，那应该是两边听不同频率的声音。"对着手机，王东云缓慢地向那一头的老友说明自己的想法。

"太棒了，东云，如果你确实有这个打算，那我现在就联系央视导演说明情况！"

"丁零零……"她还没回到办公室，《挑战不可能》节目组"听音点钞"项目肖奇导演就把电话打过来了。

"是王东云老师吗？荆红强老师刚才和我说您可以蒙眼双耳听音，而且要挑战双耳听不同指法？您真能做到吗？这不太可能吧？"肖奇抛出一连串问题。

"我要挑战的就是不可能！如果两边点钞指法一样的话，那就不存在一个人听两种声音。在我的心里，参加《挑战不可能》就是要把难度尽力往上拔，挖掘潜能，挑战自我！"

她接着说道："所以如果我去挑战的话，那两边的指法不能一样。"

用不同指法点钞，两边的声音是大不相同的，交织在一起不易让人找到规律。而且两种指法的点钞速度也是不一样的，很难两头兼顾。

肖奇导演忍不住又追问了一句："如果两边指法不一样的话，您有几分把握呢？"

"我现在一点儿把握也没有，只是初步的想法。但是，有了这个想法我就可以去练习，直到成功，这对我而言才是真正的挑战！"

听着王东云笃定的话语，肖奇导演更添几分敬意。作为《挑战不可能》的项目导演，他见证过一个又一个平凡挑战者成就"不可能"的精彩时刻，而王东云更是为数不多主动要求增加难度的挑战者，被这份韧性感染的肖奇决意满足王东云，帮她设计这项挑战。

"好，东云老师，我这就重新提交策划方案，期待您的到来！"

2017年6月，王东云正式收到中央电视台《挑战不可能》的邀请。节目录制时间定在10月，也就是说备战时间只有3个月。时间紧任务重，而对于王东云来说，现下最重要的就是寻找合适的搭档。之前参加比赛，对她来说是纯粹的个人竞技赛。如今既然要参加蒙眼双耳听音挑战，那就需要两位点钞能手协助配合。一旦开始练习，她和两位点钞能手每天至少要训练10个小时，还得兼顾平时的工作。王东云自己固然愿意全力去做，只是如何找两个好搭档这件事让她犯难了。

"王老师，我们都愿意和您一起参加这次挑战！"是王东云的徒弟们。

原来，他们听说王东云为找搭档这事感到为难，都来到了王东云的工作室，表达帮助师父完成这项挑战的决心。看着徒弟真诚的面庞，王东云只觉得言不尽意，她紧紧拥抱了在场的每一位徒弟。

斟酌再三，王东云选择了黄卉和宋凤雅。得知自己被选中，黄卉既欣喜又紧张。她欣喜自己得到师父的信任，可以陪着师父完成一项注定惊艳世人的挑战；又紧张自己入行不过四年，一旦登上央视的舞台，代表的不只是她自己，更是师博和常州，她立志要守护好师父和常州农行的荣光。

瞧出黄卉的复杂心情，王东云也道出选她俩的缘由："你和凤雅两人进入农行的时间差不多，年纪也差不多，之前集训也是经常在一起，彼此比较熟悉。而且你们两家就隔着一条马路，平时如果需要搭配训练就相对方便。当然，更重要的是我相信你们每个人的能力！"

对于自己徒弟的成绩，王东云是十分关注的。黄卉在2013年进入农行，拿到过常州市第二届青年员工业务技能比赛单指单张点钞的冠军；宋凤雅2012年入行，在中国农业银行江苏省分行第七届技能大赛多指多张比赛中获得了第二名，在2017年江苏省柜台业务技能比赛多指多张点钞赛中还破了纪录。王东云打心眼里相信她俩！

挑战不可能（中）：备战

选定搭档，她们迅速进入了备战状态。每天晚上，黄卉和宋凤雅两人要么在黄卉家，要么在宋凤雅家，一起录10组点钞的声音发给师父。

王东云收到录音，便插着耳机全神贯注地听，听完了就给出自己的答案。一开始，两个数字没有一个对。

"王老师，您才开始，不要着急。"黄卉安慰道。

"王老师，怎样的点钞节奏您比较适应呢？我们可以调整。"宋凤雅有些担忧地问。

"你们不用顾虑我，只要按自己最舒服的节奏去点钞，保持这种节奏和速度就行。你们的速度越稳，我所听到的声音节奏感也就越强。"王东云并不气馁，还给出了专业的指导。

项目导演肖奇也密切关注着王东云的训练。第一次看到王东云拍的训练视频，他心里有些打鼓，但是王东云对挑战能够成功的自信还是征服了项目组。

训练了一个月，王东云便带着宋凤雅和黄卉去往北京。两位徒弟按导演组要求表演完点钞，导演组领导一针见血地说："点得太慢了，可观性不高啊！"

黄卉和宋凤雅的眼里有了担忧，项目组导演肖奇也有些着急。王东云内心掠过几丝慌乱又迅速冷静。

"没关系，我们可以回去继续练！"她的话语依旧自信笃定，干脆利落地拂去了那方空间里不安的尘埃。

回到常州之后，她们增加了训练强度。为了方便宋凤雅照顾还在哺乳期的孩子，黄卉干脆就住在了她家，经常练习到深夜12点。依旧每10组声音作为一个练习，王东云戴着耳机，看视频、找节奏，再听声音、报数目。慢慢地，准确率提了上来，甚至达到了75%左右。周六周日，三人便在王东云的工作室练习。现场练习时，王东云出现了听完一边记好数字后又跟不上另一边节奏的情况。没办法，唯有练习再练习。在这样日复一日的练习中，7月倏忽而过。

见王东云回到家还盯着视频努力钻研，丈夫笑着打趣道："你是仙人呀！耳朵两边听不同声音，够厉害的。"丈夫早就知道妻子是一个不服输的人，他为她感到骄傲。专业的事上帮不上妻子，他就包揽所有家务，在睡前贴心地为妻子捏手捶肩。

9月初，王东云和两个徒弟再次去往央视的拍摄基地。经过一番讨论，基本确定了挑战的整个流程，但是为了增加难度，节目组要求两个搭档要在6位比赛选手中产生。

宋凤雅和黄卉不由得紧张起来。只剩一个月了，不仅要配合师父练好点钞节奏，还得练习点钞的速度。

"那时我和黄卉只有一个目标：一定要在第一轮取胜！"

再次回到常州，她们在自主练习之外，又加入模拟练习。为了帮助黄卉和宋凤雅练习点钞速度，工作室的车毅和毛弘历主动过来陪练。

两个多月的高强度训练后，王东云的听音点钞准确率达到了100%！

10月，王东云师徒三人正式前往《挑战不可能》节目录制现场。第三季的录制地点在河北廊坊。一下高铁，她们便打车直接前往节目组安排的宾馆。宋凤雅一进宾馆就奔向前台，要求把手里一路抱着的包放进保险箱。原来那里面装着20万崭新的钞票！10月6日到20日，师徒三人都需要住在这个宾馆里，这可是宝贵的练习时间，但节目组为了安全并没有提供钞票，所以王东云取了20万现金以便训练。之后的半个月，师徒三人继续训练，100%的准确率让她们欣喜，也就无所谓训练的辛苦了。

10月17日晚上，肖奇导演又过来了。他进门便说道："只有一次挑战机会，如果通过就算挑战成功，否则就意味着失败。"

师徒三人不解，之前不都是有三次机会吗？还剩三天，怎么临时变了规则？

"正常的挑战，一般我们会给两到三次机会。但这个项目做这样的调整，一方面是出于对节目效果的考虑，另一方面更是因为相信东云老师的实力。"肖奇导演解释道。

原本三人准备休息了，听完这些话，待肖奇导演离开，黄卉

⊙ 王东云练习点钞的照片（2）

就要打开保险箱继续练习。

王东云沉着说道："不要自乱阵脚，机会是一次还是三次都一样。先休息好了才能继续训练。"她轻拍徒弟的肩膀，缓解她们的压力。

第二天一大早，见俩徒弟没吃早饭就在训练，王东云知道她们心里有压力，于是有意地放慢了训练节奏，时不时地和她们讲自己的比赛经历来宽慰她们。

挑战录制时间安排在10月20日晚上10点30分之后，师徒三人约定好在20日下午两点半进行最后的训练。

待王东云来到她俩房间时，宋凤雅和黄卉都捂着肚子说不舒服。王东云一摸她俩的手，冰冰凉凉的。她暗道不好，她俩这是紧张到胃痉挛了。

"我们不练习了，出去走走！"王东云知道，现在再练习会给她们造成更大心理负担，不如出去走走，为她们也为自己解解压。

走到一个蛋糕店，王东云推门而入，买了一个小小的蛋糕。见两个姑娘依旧心思飘忽，她捧着小蛋糕送到宋凤雅面前，柔声说道："凤雅，生日快乐！"

面对惊喜，宋凤雅感动得又哭又笑，逗得黄卉也跟着笑。最后，师徒三人紧紧拥抱，互相打气。原来，王东云记得宋凤雅的生日在10月份，本想挑战过后再给她补过，见她俩赛前心理压力那么大，就借此来缓解一下她们的心情。

"你们已经点得很好了，我相信你们，你们是最棒的！"

"王老师，您紧张吗？"宋凤雅直接问道。

"不紧张。到时我眼睛一蒙，只管好好听你们点钞的声音！"王东云依旧自信满满。

于是，吃过晚饭，宋凤雅和黄卉便陪着师父王东云轻松上阵了。

挑战不可能（下）：登场

"我叫王东云，来自中国农业银行常州分行。"一登上央视舞台，王东云面带微笑，表达大方。

要知道，这句话虽简短，可是王东云好不容易争取来的。原来，因央视不能插入商业性质标识和口播的规定，王东云无法在节目中介绍自己所在单位的名称。因为和央视合作了很多次，所以这次在《挑战不可能》的录制现场，王东云找到节目组总导演，提出要在自我介绍环节说出她的单位。总导演开始并不同意，直言如果要主持人撒贝宁口播"来自中国农业银行常州分行"的话，需支付巨额广告费。经王东云再三要求，终于使"中国农业银行常州分行"的字幕出现在电视屏幕上。

"我对此激动不已，因为这对我的意义远远超过参加节目本身，此后每次我和我的徒弟参加央视节目时都可以说明工作单位，这是我与央视达成的默契，也是我对培养我的这个大家庭的责任和承诺。"面对记者的采访，王东云一次次强调获得荣誉不仅仅是个人的努力，更离不开整个农业银行的培养与支持，唯有感恩。

听说王东云是点钞教官后，庾澄庆、李昌钰、董卿和孙杨四位评委都走下评委席，近距离欣赏她的点钞技艺。

"小鸡啄米式"单指单张、二指二张、三指三张、四指四张、五指五张，王东云一一演示，引发现场一阵又一阵的掌声。最后她抖动钞票，散成扇形，每10张一组，眨眼间点完！见多识广的评委们也发出惊呼。

"那您今天挑战什么项目呢？"评委董卿惊讶之余，好奇地问道。

"今天，我挑战听声音数钱。"她的话一出，现场观众一片唏嘘。

"听音？"李昌钰反问道。

"对，就是两个人同时点钞，我通过听两个人点钞的声音，判断钞票的张数。"王东云再次确认。

评委们再次明确了王东云的挑战形式后，挑战开始了。

和预定的计划一样，先是6位点钞能手走上舞台，谁胜利谁就会成为王东云这次挑战的搭档。在给6位点钞能手戴上眼罩后，评委庾澄庆和孙杨分别任意指定一个两位数字作为单指单张点钞和多指多张点钞的钞票数量。在单指单张点钞比赛时，黄卉

⊙ 2017年12月3日，王东云（左二）在央视一套《挑战不可能》中和徒
弟一举挑战成功"蒙眼双耳听音点钞"项目

第一个拍下计时器，张数正确，以领先第二名0.5秒的成绩拿下第一。在四指四张选拔赛中，宋凤雅沉着冷静，以10.45秒数完91张的成绩获得冠军。宋凤雅和黄卉如愿进入第二轮。

"接下来的挑战规则是这样的，两位评委各自随机写出任意一个两位数字作为点钞数额，两位最强点钞员分别使用单指单张和四指四张的方式同时点钞，挑战者需同时听两种不同的点钞声音并准确报出各自的钞票数目，即为挑战成功。挑战者只有一次挑战机会。"听完主持人撒贝宁宣读的比赛规则，评委们都觉得这是一项比较有难度的挑战。

"王东云，有信心吗？"董卿问道。

"有！"王东云的回答掷地有声，挑战助理为她戴上眼罩。

"我宣布挑战开始！"台上，只剩下王东云和她的两名徒弟。

短短十余秒，黄卉和宋凤雅按照自己的节奏快速点着手中的钞票，她们相信只要自己准确点好，就是对师父这场挑战最大的帮助。

"好，我们两位最强点钞员已经完成点钞，接下来我们要进入验证环节。首先有请挑战者为我们报出您听到的单指单张的钞票张数。"

黄卉有些紧张，她想着自己刚刚因为手里还剩两张钞票下意识地手抖了一下，担心师父没有听到自己点最后一张的声音。原本打算举手说明，可也明白这是只有一次的挑战，她能做的就是相信师父。

"99！"王东云一口报出。黄卉不禁在心里为王东云欢呼。

"我们再来听一听挑战者给出的四指四张的钞票张数。"

相对于黄卉，宋凤雅要沉着得多。评委给的这个数字，她们之前训练过，而且正好是四的倍数，有利于她保持自己的节奏。

"88张。"果然，王东云又报对了。

"必须两个数字全对，您才能够挑战成功，而且您只有这一次机会啊，您确定吗？"主持人撒贝宁再一次询问戴着眼罩的王东云。

"确定。"她依旧坚持自己的答案。

于是，挑战助理拿过两位最强点钞员手中的钞票，放在点钞机上进行现场验证。验证通过，挑战结束。

"我宣布，王东云挑战成功！祝贺王东云！祝贺挑战成功！"撒贝宁在一片欢呼声中大声宣告。

王东云摘下眼罩，亲眼见证人们为她绽放的笑脸，亲耳听到人们欢呼着她的名字，仿佛置身花丛，花香萦绕。

 第五章　多带徒弟，带好徒弟

扫码解锁

◎群英颂歌◎指尖舞者
◎精益求精◎奋斗底色

劳模创新工作室成立了

"王姐，常州分行对你这么优秀的教练给颁发证书吗？我们分行也想参考一下。"

看着吉林一位同行在微信上提出的问题，王东云一脸幸福地打下了这么一行字："常州分行给我创建了'王东云劳模创新工作室'。"

在2013年10月，工作室创建之初，虽然从设计、展示到陈设都相对简单，但在常州甚至江苏省内的金融系统却是首创。鉴于王东云团队在几年间取得的卓越成绩，中国农业银行常州分行的领导意识到，"王东云劳模创新工作室"在宣扬企业文化、传播劳模精神方面可以发挥更大的效用。于是，经过一番用心设计和装修，全新的"王东云劳模创新工作室"出现在众人面前。

"王东云劳模创新工作室"位于常州市北融里8号中国农业银行常州分行运营服务中心2号楼1楼。它虽居于闹市，却隐匿在巷子深处，是一处安静的所在。推门进入，扑面而来的绿色，充满生机与活力。"东云展厅"里，中国农业银行的"麦穗"标志也巧妙地镶嵌于墙壁之上。

稍微移动目光，便能看到王东云工作室成员的照片和个人介绍。"王东云劳模创新工作室"的成员有车毅、陈红芳、巢红娟、戴莉、黄卉、宋凤雅、章融、巢东文和高旭平。他们都有着不平凡的工作成绩和各不相同的成长经历，但是，因为有了"王东云劳模创新工作室"这个平台，他们共同诠释着常州农行的劳模精神。

就如王东云所说："如果点钞算是一种舞蹈，指尖上的舞蹈，一个人独舞固然快乐，可一群人共舞却能让快乐加倍。即使再给我一万次机会，我也愿意像现在这样，让它成为一群人的舞蹈，而不是我一个人的热闹。"自始至终，王东云和工作室的其他成员一起努力，一起成长。

陈红芳是工作室首批成员之一。从入行开始，她就积极参加支行组织的每一届技术比赛，并获得多个奖项。在2012年备战总行的集训时，陈红芳结识了王东云。当时的王东云，为了全力备战单指单张的比赛项目，每天点钞超18万次，即便手指磨出血，也不见她分心。这样的精神令陈红芳十分感佩。她也紧随榜样的脚步，制订备战计划，加大训练强度。

为了保证手指的灵活，陈红芳任由扎钞的腰条一次又一次划过手指上同一位置，直到长出老茧。又因为在练多指多张点钞时，需要左手的每个手指用力抓紧点钞纸，她左手指甲旁挤出的角质越来越硬，一碰就疼。好在，忍受了手上的疼痛，抛开了心里的负担，陈红芳在2012年的总行技能比赛中顺利地拿下了机器点钞项目的第一名和多指多张点钞项目的第七名。

巢红娟曾经是王东云在武进支行的同事。王东云是点钞能手，而巢红娟的优势则在柜面业务操作项目上。在江苏省农行第六届业务技术比赛前，为了全方位地提升巢红娟的业务水平，王东云专门辅导她的点钞技能，另有专业的计算机操作高手辅导她的输入指法，平时还有科学而又高强度的体能训练。最终，巢红娟拿下了第六届省行技能大赛ABIS①操作个人业务的第三名和个人全能的第二名。

2009年，戴莉在常州农行第十四届技术比赛场上取得了不错的成绩。初次参赛就能拿奖，令她十分高兴，决心勇攀高峰，参加省行乃至总行的比赛。她正式拜师王东云，接受师父悉心的对症指导——点钞时坐姿要"正"，用品摆放要"齐"，手指要"灵"，手腕要"活"，动作要"快"，神情要"专"，点数要"准"。戴莉牢牢记住，一遍又一遍地练，一天又一天地数，点钞技术很快有了质的飞跃。2013年，戴莉荣获中国农业银行江苏省分行首届青年员工柜台业务技能比赛单指单张点钞的冠军。

陪着师父一起登上《挑战不可能》舞台的黄卉，是在2013年入行的。黄卉的丈夫常年在外地的部队，家里生过大病的妈妈和婆婆都需要她一人照料。但她不以为苦，只是坚韧如蒲苇般做好

---

① ABIS（Aurora Business Intelligence Server）是中国农业银行综合应用系统，主要用于处理银行柜面业务，集数据整合、信息查询、在线分析、多维分析、动态报表和实时监控于一体。

自己能做的一切。在工作上，她同王东云一样具有一种不服输的精神，严于律己，一丝不苟地提升自己的点钞技艺。再加上师父王东云切中肯綮的指导，她的技艺愈发精进，先后获得了金手指俱乐部机器点钞第一名、常州分行青年员工业务技能比赛单指单张冠军、常州分行第十七届业务技术比赛机器点钞亚军……身为"90后"的黄卉，面对诸多荣誉，已经学会了和师父王东云一样，不为声名喧嚣而烦恼。她说道："我是一个平凡的人，没有惊天动地的故事，这么多年来，我只是在做一件事，那就是竭尽全力做最好的自己。这一件事仍然未完待续，所以我时时提醒自己，让荣誉过去，一切从现在开始。"

配合王东云完成央视听音点钞挑战的另一个助手宋凤雅，在2012年刚入行时，就有幸上了一堂王东云教学多指多张点钞法的课。原本只会单指单张点钞法的宋凤雅，内心一下子就被多指多张点钞的炫目手法给击中了，怀着巨大的热情练习起来，很快取得了飞跃性的进步。2015年，宋凤雅在中国农业银行江苏省分行第七届技能大赛中如愿夺得多指多张点钞的亚军。

巢东文、高旭平和章融于2020年加入"王东云劳模创新工作室"。巢东文和高旭平都是"常州市劳动模范"，章融则有着"最美常州人"和"中国农业银行脱贫攻坚金融服务先进个人"荣誉称号。他们的加入，是工作室推崇劳模精神、传承工匠文化的最好注脚。

自工作室建成，每一年的夏天总会迎来一群年轻的面孔。他们都是中国农业银行常州分行的新员工。走进工作室，他们可以亲身感受王东云及工作室成员平凡岗位上不平凡的成绩，可以学习在基层的岗位如何练就高超的职业技能，也将会深深地明白"把简单的工作做到极致"便是对劳模精神最好的践行。

"东云，工作室已经有了新的面貌，那么如何更好发挥工作室的作用，如何依托工作室展开活动并获得更大影响，这些问题就需要你认真想想了。"

坐在窗前盯着窗外的王东云，想起领导白天时的叮嘱。王东云眼见浓浓暮色迅速从远处袭来——突然，对面出现了两束光线，如双刃一般切开大片灰暗！她心下一动，想起在武侠剧里一旦双剑合璧，便可以威力无穷，大杀四方。那为什么不可以尝试"双室合璧"呢？她想到了浙江宁波的"章亚君劳模创新工作室"。

章亚君和王东云一样，也是从一线柜员做起，扎根基层，苦练业务，农行ABIS柜面业务操作出神入化。章亚君先后获得"全国五一劳动奖章""浙江省劳动模范""中国农业银行柜台业务技术能手"和"中国农业银行十大杰出青年"等多项荣誉。

王东云与章亚君沟通想法之后，很快达成共识。她们决定以劳模创新工作室为平台，结对共建，双向分享各自工作室在劳模精神传承、新员工培训、岗位技能练兵、业务技能提升、开展创新创效活动等方面的经验，从而更好地发挥劳模创新工作室的引领作用，并进一步提升工作的成效。2018年5月30日，两个工作室的结对共建签约仪式在象山顺利举行。

多年来，王东云竭尽所能带好"王东云劳模创新工作室"团队，全力做好传、帮、带工作。她倾其所有地传，无怨无悔地帮，以身作则地带。仅仅几年，"王东云劳模创新工作室"就培养出了一批本领过硬的青年技术标兵，还帮助常州农行取得了6级柜员在全省系统中占比最高的成绩。因此，2017年，"王东云劳模创新工作室"被中国金融工会命名为"全国金融系统劳模（优秀技能人才）创新工作室"，2018年，被常州市总工会命名为"示范性劳模（工匠）创新工作室"。一时间，"王东云劳模创新工作室"成了常州分行乃至农行系统内一张亮眼的名片。

正如王东云自己所说的那样，工作室不是荣誉室，而是一个成员不断增加的团队，是"精益求精的工匠精神""锲而不舍的进取精神"和"爱岗敬业的奉献精神"的载体。工作室的名称不会随着她的退休而更改，这种精神注定代代传承。

一双慧眼识将才

在"王东云劳模创新工作室"的墙壁上有这么一段话：点钞是银行员工的基本功，我愿做一名前行者，多带徒弟，提高农行员工的整体职业素养，弘扬工匠精神，推动企业文化建设。

2023年7月28日至30日，第二届大国工匠创新交流大会暨大国工匠论坛在北京展览馆举办。当主持人问出"工作这么多年来最有成就感的事是什么"时，王东云一脸骄傲地答道："我最有成就感的事情就是带出了很多徒弟，其中有几十个徒弟获得了大大小小的冠军。"

早些年，王东云参加比赛一心想着赢，待诸多奖项拿到手软，在国内点钞领域享有盛名时，她反而牢记《道德经》里的一句话："不自见，故明；不自是，故彰；不自伐，故有功；不自矜，故长。夫唯不争，故天下莫能与之争。"点钞于王东云而言，早就不再出于炫耀和争名夺利的欲望，而是一种纯粹的热爱，一种心灵的慰藉。一旦开始点钞，她便能进入精神的桃花源。所以，她慢慢减少自己出现在大众面前的频率，她更愿意站在年轻人的背后，给予指导和鼓励。

在第二届大国工匠创新交流大会的采访席上，王东云首先提到的爱徒就是车毅。师徒俩相识在常州分行的技能比赛场上。当时，车毅的点钞速度并不算快，但是王东云发现他的手部动作非常协调，潜力巨大，于是，赛后主动对他进行跟踪辅导，二人从此结缘。

跟着师父王东云练习点钞短短三年，车毅就拿下了2015年中国农业银行第五届业务技术大赛单指单张点钞的第一名，还打破了师父保持多年的单指单张点钞3000张用时9分46秒的纪录，并且整整快了1分钟！

就在车毅打破这项纪录的两个月前，他作为常州分行代表出

⊙ 王东云（左三）应邀在广东农行传授业务技能

战江苏分行业务技术大赛，竟然因为紧张点错了一把并被取消了比赛成绩。当晚，食不下咽的他把自己关在了房间里。

王东云虽然没有在比赛现场，但是有多年比赛经验的她知道个中残酷。周末，王东云专程从常州赶到南京，为爱徒加油鼓劲："不要因为一次的失利就自暴自弃，你的技术没有问题，要调整的只是心态，要知道，你若不行，就没有人能行了。"

在帮助爱徒摆正心态后，王东云又建议江苏省分行把车毅选入备战总行第五届业务技术大赛的集训队。省分行同意了。最初有32名来自各市农行的高手，而省分行只需要派8名选手参加总行的比赛。因此，在高强度高密度的训练之外，每个队员还面临着巨大的心理考验。

车毅十分珍惜来之不易的机会。为了不辜负师父的信任，也为了证明自己，他训练得更加刻苦，对自己的要求更加严格。崭新的练功券划破手指，他贴上创可贴，不吭一声，继续训练。

除了给予爱徒心态上的关怀，王东云在他训练时，也会及时给予细节的指导。她发现男性相对于女性有力量优势，于是让车毅试着将点钞时的发力部位从手指、手腕改成肘部，果然显著提升了点钞的耐力和稳定性。为了让手臂更好地发力，师徒俩反复研究、实践，把坐姿从面向正前方改成了面向左前方45度，一来使左手臂悬空，利用重力稳固按压钞票，二来发力的右手手臂也可以完全放置在桌面上，进一步提高稳定性。

车毅在紧张的状态下会有摸鼻子的小动作，连他本人都没完全意识到，但王东云发现了。专门研究了车毅的比赛视频后，王东云为他定制出一种沉浸式训练法，就是在训练时，播放多人同时点钞的声音，模拟赛场的情境，让他专注于自己的节奏，而不执着于比赛。她对车毅说道："你必须通过针对性练习，学会在任何时候都不去想比赛的事，用点钞来自由自在地表达自己。"王东云希望他抛开习惯带来的安全感，沉浸当下，这样无论思想还是点钞动作都不受比赛现场影响。

日子一天天过去，车毅终于在全国性比赛场上散发了自己的光彩。2016年，车毅登上央视舞台，获得《中国大能手之点钞强人》冠军；2017年，荣获全国"五一劳动奖章"；2018年，在央视一套《挑战不可能》总决赛中，创造了"30秒蒙眼手动点钞最快"吉尼斯世界纪录。

斩获诸多荣誉后，各种各样的烦恼也随之而来。因多次登上央视舞台，车毅很快成了常州郊区分行的名人，一些客户慕名而来，有要求和他合影的，有请他点钞的，也有指名要他提供理财咨询服务的……他不胜其扰，于是去请教成名更早、名气更大的师父王东云。

王东云十分明白他的感受，爱徒的眼前路就是她的来时路。

面对生命中的诸种烦扰，王东云钟爱《小窗幽记》里的一句："花繁柳密处，拨得开，才是手段；风狂雨急时，立得定，方见脚跟。"她向苦恼的车毅分享了这句话，并说道："声名说到底乃是身外之物，对身外之物看得太重，你的精神就痛苦了。

过于追逐它或是把它看作沉重的包袱，那必然要长久背负，患得患失，不如把它当成行囊里的一件衣服，学会放下。声名来了要学会顺应它，不忘初心，做自己该做的事。"听了师父的指点，车毅慢慢调整自己的心态，学着和师父一样接纳声名带来的好与坏，并学会了利用名人效应开展工作，比如拉动存款、营销理财产品和贵金属以及普及防范电信网络诈骗等金融知识……

2020年末，车毅经过层层筛选，获得了去北京总行学习交流一年的机会，就如他自己所说："农行就是一个大舞台，摒弃浮躁，静心练好内功，就会有很多机会。年轻人要趁着年轻，为自己的梦想努力一把！"

再回顾一下王东云部分徒弟的斐然成绩：陈红芳获得了2012年中国农业银行第四届业务技术比赛机器点钞冠军；戴莉获得了2013年中国农业银行江苏省分行首届青年员工柜台业务技能比赛单指单张点钞冠军；宋凤雅获得了2015年中国农业银行江苏省分行第七届技能大赛多指多张点钞亚军；工作室曾经的最小成员毛弘历在《挑战不可能》的舞台上创造了"3分钟蒙眼点钞882张"的世界纪录……

对于教授徒弟，王东云的想法真挚而朴素："我从未躺在荣誉簿上'睡觉'，我知道只有以身作则，才能给徒弟做一个好的榜样，才能弘扬和传承我们农行的劳模精神。"

用心传好接力棒

自转型成了点钞技能教练，王东云直接培训过的学员已成千上万，间接受惠于她的人更是数不胜数。

王东云是一个因材施教的良师。根据工作和比赛的不同需要，她会教授学员不同的点钞方法。

在新员工培训时，她主要教授柜面操作实用的手持式点钞法。在每一年的农行新员工培训时，她都会将自创的点钞手法一点一点地教授给新员工，大大拔高了整体员工点钞技能的水准。曾经，常州农行比赛选手单指单张点钞的最好成绩是10分钟24把多（每把100张），经过王东云的精心指点，哪怕是刚从学校毕业没有任何点钞经验的新员工，也会在不到一个月的时间达成10分钟26把多的目标。

在训练比赛选手时，王东云会先发，观察他们的点钞特点及动作协调能力，总结他们的长处，以便传授不同的点钞方法。比如，手臂力量大的男选手，她就教"刮刮式"点钞法；手臂力量小但灵活的女选手，她便传授"小鸡啄米式"点钞法。

每每确定了点钞方法后，她首先做的就是拿起点钞券，当场示范一遍，学员们则在旁边观摩。接着，她会耐心分解并讲解每一步动作。动作如何起势，用力方向是什么，肌肉用力点在哪，如何更好地衔接动作，都要细细讲来。待所有讲解结束，学员就开始自行练习点钞。在这个过程中，王东云就会眼耳并用，仔细观察每一位学员是否有没掌握的地方，用心聆听他们在点钞时的频率是否保持一定节奏。一旦发现有学员遇到问题，她就会不厌其烦地手把手教，一遍又一遍，力求他们能够完全掌握方法。

虽然平时的休息时间大多用在了教授学员上，但她乐此不疲。在微信上，王东云甚至有十几个教学群，每天晚上她都会抽出时间在线上答疑解惑。求点钞视频的、问点钞或其他业务技能细节的，她都会一一回复。

不止一次，王东云被人问到这么一个问题："王老师，您把所有绝活都毫无保留地分享出去了，如果有人的成就超过您了怎么办？"这个江南女子便会宽厚地笑笑，说道："我愿意他们都站在我的肩膀上，飞得更高，更远！"

2015年9月，为期一天半的中国农业银行第五届业务技术比赛在北京拉开了帷幕。此次比赛设有机器点钞、单指单张点钞、柜面业务操作、远程授权、运营后台作业录入五个比赛项目和多指多张点钞一个表演项目，来自系统内37家一级分行的296名选手参加了这场比赛。这是一场来自指尖的视觉盛宴，从全国各地而来的顶尖选手们，将各显神通。

赛场外，沐浴着北京初秋的阳光，王东云紧张地等待着徒弟们的比赛结果。一个多月前，为备战总行第五届业务技术比赛，江苏省分行邀请王东云担任省集训队的培训教练。作为金牌教练，王东云集中精力培训学员的单指单张点钞技能。

在赛前集训中，她和其他教练共同认真分析比赛方案和规则，制订了周密的系统训练方案。除了帮助学员提升技能水平，教练们还贴心地引入体能、心理训练方法，增强选手的耐力和抗干扰能力，确保即便是第一次参赛的选手，也能够稳定发挥。

时间一分一秒地流逝，江苏分行的车毅和蒋潇潇率先走出了赛场，王东云赶紧迎了上去。一瞧见他们脸上的笑容，王东云已经心如明镜，不禁眉头舒展，听他们兴奋地谈论在比赛中的经历。

单指单张点钞项目上，每个分行派两名选手，分上下半场进行。蒋潇潇是上半场，比赛时间还没有过半，她就已经点完了手里的钞票，成了本场当之无愧的第一名。车毅是下半场，他第一个举手示意完成比赛，经过核验，他给出的答案完全正确，而且时间上少于蒋潇潇。见自己已经锁定了单指单张点钞比赛的冠军，车毅高兴地朝镜头比了一个"V"。

在一轮又一轮的指尖速度大比拼后，江苏分行代表队荣获团体总分第一名，赢得了"中国农业银行五一劳动奖状"。更令人惊讶的是，江苏分行的张洋、巢红娟分别拿下了柜面业务操作项目的第一、第二名；叶维卿、郭咏骞勇夺机器点钞项目冠亚军；姚海刚拿下了运营后台作业录入项目的冠军；包青云拿下了远程授权项目的第二名！也就是说，江苏分行代表队派出的8名选手包揽了全部五个比赛项目的4个冠军和4个亚军，甚至在单指单张点钞和柜面业务操作上刷新了大赛纪录！

在接受采访时，中国农业银行江苏分行运管部总经理兼本次比赛主教练沈清动情地说道："我们是江苏分行代表队，在本次第五届业务技术比赛过程中，以优异的成绩蝉联了冠军。之所以取得这样好的成绩，和所有选手的刻苦训练是分不开的。除了8位选手之外，我们还有一个强大的教练团队，每一位成功选手的背后，都有一个金牌教练在支撑。"

听着这番发自肺腑的话语，沈清身旁的王东云不禁想起自己2012年参加中国农业银行第四届柜台业务技术比赛的情景。那是江苏分行有史以来第一次获得总行举办的柜台业务技术比赛的团体冠军。如今，江苏分行代表队再一次取得了优异的成绩，身为教练的王东云怎能不觉得与有荣焉？

从选手到教练，王东云越来越明白一个道理：任何一个人的力量，都是渺小的。只有融入团队，只有与团队一起奋斗，才能实现个人价值的最大化。

在中国农业银行第五届业务技术比赛的颁奖典礼上，时任中国农业银行副行长的王纬在总结讲话时指出，劳动竞赛是提升素质、鼓舞士气、推动工作的重要方式和手段，也是"比、学、赶、超"的应有之义。可以说，业务技术比赛不只是为了激励员工提升业务技能水平，更是为了提升优质服务水平、展现农行员工风采、提升农行品牌形象和市场竞争能力。

⊙ 2017年"王东云劳模创新工作室"被中国金融工会命名为
"全国金融系统劳模（优秀技能人才）创新工作室"

赛后，王东云紧紧拥抱了江苏分行团队的每一个人。她笑着笑着又落下了眼泪，为这些出类拔萃的学员，也为对点钞事业一腔热忱的自己。

2016年，常州农行成立了"金手指俱乐部"，意在培训刚入职的员工，打造一支高技能水平的点钞团队。又一次成为领头人的王东云，为了使俱乐部成员能够在原有基础上有所收获，一直坚持与他们一起参加集训，模仿他们的点钞姿势，共同分析阻碍速度和准确度的因素，共同探讨解决方法。如果有谁在训练中遇到瓶颈了，她还会录下视频，回去反复播放、比照操作，直到找出问题。这样一来，"金手指俱乐部"的成员都能够很快实现突破，登上更高的阶梯。

除了教农业银行系统的员工，王东云也慷慨地把点钞技术分享给其他银行甚至其他行业。江南农村商业银行的新员工邹希莹，经过她的辅导，很快成了所在银行的点钞冠军；常州高等职业技术学校的学生刘国钧跟她学了一个月，就在全国职校综合技能比赛中摘得桂冠。有一位农行的学员曾经问她："王老师，您毫不保留地教外面的学生，就不担心别人超过我们吗？"王东云回道："想要不被别人超过，不是靠藏着掖着点钞技术，而是靠比别人更努力，要知道没有竞争就没有进步呀。"

多年来，王东云教授的学员有万余人次，其中在各类比赛上摘金夺银的有80多人！从金牌选手到金牌教练，她稳稳当当地把自己手里的"接力棒"传了出去，正是"拼却老红一万点，换将新绿百千重"。

金牌团队亮相央视

"蒙眼点钞能识其中真假，听音计数两耳左右开弓。"2017年12月3日，《挑战不可能》播出了王东云挑战的"蒙眼双耳听音点钞"。一经播出，这期节目的收视率破2，拿下了史上最高收视率。多家媒体纷纷转载她一心二用双耳听音点钞的挑战视频，王东云的人气水涨船高。

"丁零零……"2017年12月6日，刚上班的王东云接到了央视导演肖奇的电话："东云老师，我们想邀请您参加年度总决赛。"

沉吟片刻，王东云表达了自己的真实想法："谢谢央视再次给我机会，但是我在舞台上的亮相已经够多了，就不参加总决赛啦！"见她态度坚决，肖奇也表示了尊重。

没想到，三天后，肖奇导演的电话再一次打了过来。王东云按下接听键，只听电话那头的肖奇导演略带撒娇地说道："东云老师，我们领导说了，如果您不参加，我就得去您家里住，直到您同意为止。"

听到这句看似玩笑实则认真的话，王东云想起这位"90后"项目导演在上次节目录制前后对自己的照顾。那时候，肖奇导演总是想方设法地鼓励她们，始终饱含热情与能量。有了他的陪伴，整个艰苦的备战过程多了许多的美好记忆。王东云不忍拒绝这个年轻人。

可是，终极挑战的录制就在眼前，王东云也无法设计出比上次更难的挑战。坐在工作室里的王东云逡巡一周，看到每一个工作室成员都拿着点钞券心无旁骛地练习，她脑海里灵光一闪，既然她个人没有办法在总决赛上展示更多的东西，不如就让这群"80后""90后"的年轻人登上央视，呈现年轻人的风采，传递技能薪火，赓续精神血脉！

这次，她主动拨打了肖奇导演的电话，语气坚定地说道："这一次决赛，我要带着我的徒弟走上《挑战不可能》的舞台，带着他们挑战吉尼斯世界纪录。"

电话那头的肖奇激动得连声说好。节目开始录制以来，他已经看到过太多太多的"青年偶像"完成高难挑战、实现自我成长，因此他深深折服于王东云大胆提携新人的魄力。于是，2017年12月15日，中央电视台综合频道正式发来邀请函。

2018年2月15日除夕，中央电视台《挑战不可能》节目举行2017年度总决赛。

"今天回到现场，您还能给我们带来什么样的终极挑战呢？"台上，主持人撒贝宁问道。王东云面上有笑，语带自豪："今天我带来了一个金牌点钞团队！"

这一次，王东云带来了6位得意门生，分别是车毅、毛弘

⊙ 2017年12月3日，王东云（中）录制央视一套《挑战不可能》，一举挑战成功"蒙眼双耳听音点钞"项目

历、鲍晨开、王亦霖、王思颖和王科青。

虽然他们大多是第一次登上央视舞台，但在台下都有着不平凡的成绩。车毅是2015年中国农业银行第五届业务技术比赛的单指单张项目冠军，2016年获得《中国大能手之点钞强人》第一名，2017年荣获全国五一劳动奖章；2015年入行的毛弘历在2017年夺得了中国农业银行常州市分行单指单张项目的冠军；鲍晨开在2017年中国人民银行常州市分行反假比赛中拔得头筹；王亦霖是2017年中国农业银行镇江市分行业务技术比赛的单指单张点钞第一名；来自福建的王思颖在2016年获得中国农业银行江苏省分行业务技术比赛单指单张点钞项目的第一名和机器点钞项目的第二名，2017年获得了江苏省五一劳动奖章；王科青在2016年"金手指"武进站单指单张比赛中脱颖而出。

金牌团队登场，他们要在全国观众面前完成什么样的挑战呢？

"我要在这6名徒弟中，通过现场比拼，选出两位选手，参加挑战吉尼斯世界纪录！"此言一出，引发了在场所有观众的兴趣。

接下来，6名选手分成两组。为了确定两组挑战者的点钞数量相同，评委李昌钰和董卿现场从100张钞票中任意抽取一部分，再由挑战助理分别复制出3份同样张数的一沓。两组分别要赛出准确度最高且用时最少的人，进行最终的比拼。

第一组选手有车毅、王亦霖和鲍晨开。挑战助理先为他们摘掉眼罩，让他们适应一下光线。主持人撒贝宁一声令下，3位选手立即拨动手指，全场安静得只剩一片点钞声。不过十几秒，3个人都完成了点钞。经过现场反复验证，董卿放入红包中的钞票为90张。3名选手亮出纸板，全部清点正确，耗时最少的车毅胜出。

接下来轮到第二组选手比拼，第二组的点钞速度依旧惊人。挑战助理拿出李昌钰博士放入红包中的钞票，在点钞机上验证了两次，共88张。第二组同样全部正确，毛弘历以12.2秒的成绩进入最终对决。

"王老师，这两位是不是要冲击吉尼斯世界纪录了？"主持人问王东云。

"对，他们挑战的是，30秒蒙眼手动点钞最多。"

"既然是吉尼斯世界纪录的挑战，我们必须要得到吉尼斯世界纪录的官方认证。有请吉尼斯世界纪录认证官吴晓红女士和路易先生。"

吴晓红女士介绍说，30秒手动点钞的现纪录是171张，但不是以蒙眼的方式完成的，今天挑战的是30秒蒙眼手动点钞，最低标准为150张。

撒贝宁好奇地问出了一个问题："那么今天应该算是一个全新的纪录，我想问的是，作为一项全新的纪录，吉尼斯愿意把这项纪录列入吉尼斯世界纪录中的考虑是什么？"

"因为点钞是银行员工常用的职业技能。我们吉尼斯世界纪录就是鼓励平凡的人，在工作生活中，发现自己的不平凡，并通过努力取得非凡的成就。"吴晓红女士的回答，引起了全场的热烈掌声。

⊙ 2016年，王东云（左）的徒弟车毅（右）获得央视《中国大能手之点钞强人》冠军

在全面检查了挑战道具后，吉尼斯世界纪录认证官宣布挑战开始。为了应对这场挑战，车毅和毛弘历不约而同地使用了师父独创的"刮刮式"单指单张点钞法。只见他们左手按压住钞票，右手大拇指一张张地刮下，手法娴熟得令人目不暇接。

30秒眨眼即过，两位认证官开始验证选手们的钞票张数。经过点钞机检验，车毅点出了178张，毛弘历点出了175张。他们两个人都亮出题板，毛弘历不慎少写一张，而车毅完全正确！

"车毅，30秒蒙眼手动点钞178张，点钞数量正确，荣获一项新的吉尼斯世界纪录称号，祝贺他。"吉尼斯世界纪录认证官吴晓红宣读认证结果。

接过认证官手里的证书，车毅脸上满是自豪，师父王东云眉眼弯弯，嘴角有着掩不住的笑意。当评委董卿问王东云如何评价徒弟的表现时，她简短地说了三个字："很满意。"

董卿点评道："愿意把一件普通的事重复去做，把一件重复做的事情认真去做，直到把它锻造成极致。也通过这样的一种展示，使我们看到了一颗心无旁骛、全神贯注、精益求精、爱岗敬业的匠心。"如此精彩的言论一出，场内又响起了经久不息的掌声。

这次从北京回来，王东云在工作笔记本上写下了这样一段话："看到徒弟们在舞台上出色地完成了挑战，我比自己挑战成功还要开心。我突然意识到，我肩负起了一种使命，一种将技艺传承下去的责任……"

⊙ 2009年，王东云获央视《状元360》"超级银行柜员"冠军

巡回宣讲岁月

为了更好地传授自己的点钞技艺，王东云已在十多家省级分行开展宣讲教学活动。她说："点钞是一项技艺，也是一种文化，它需要传播才更有意义。我因点钞技术小有名气后，很多人上门讨教学艺，也有单位邀请我去指导。无论是行内还是行外，只要有需要，我都毫无保留地传授。"

早在2004年，王东云就受邀去青海分行宣讲。那时，她参加了中国农业银行第二届业务技能比赛。第一次参加全国技能大赛，她就凭着自创的点钞指法，拿到了单指单张点钞第二名。正因如此，才有了第一次的青海之行。

她回忆道，因为当时还没有教学经验，只会做示范，没办法提纲挈领。然而那一次技能培训，青海分行十分重视，因此许多业务骨干不远千里奔赴省城。

"有的人坐了几天几夜的汽车，有的人是自己开车来的，还要带上热水和干粮……在培训现场，他们的眼里充满热忱的求知欲望，可他们的技术还停留在传统指法上。尽管我已经竭尽全力，但我心里知道自己只讲了个皮毛。"

正因为有过这样的经历，王东云才开始认真钻研点钞的教学。想方法、抠细节，只要一有新思路，哪怕再忙，也要在休息之前做好复盘归纳。不求别的，她只希望以后如果再培训，一定要将自己所有的本领毫无保留地传授给学员，不再辜负他们的期待。

2018年7月中旬，坐在高铁上的王东云看着一路转瞬即逝的风景，感到陌生又熟悉。车窗外，阳光照在房舍田地上，照在红花绿叶上，照在青河碧湖里，如此璀璨，金子一样。王东云早已不是第一次外出宣讲授课，可她的心情不禁像这七月的阳光一样雀跃。这一次，她和徒弟的目的地是安徽。

高铁到站了，站外早有车子在等待。王东云和徒弟直接奔赴宣讲场地。看到她出现，全场立即掌声如潮。王东云环顾了偌大的礼堂，满满当当都是人，甚至还通过网络视频连接了17个分会场。

掌声间歇，王东云对着台下轻轻鞠了一躬，微笑着说道："大家好！我是来自江苏常州分行的王东云，很荣幸能有机会和大家分享我的成长故事。"

接下来，配合着身后大屏上的一幕幕，她娓娓动听地讲述着自己从业二十多年来的心路历程。

她讲，刚入行的自己因为被老客户嫌弃点得慢，所以知耻而后勇，苦练点钞技术；她讲，点钞是一门需要染血的功夫，因为手指会在长时间的训练中被锋利的练功券一次又一次划破，有时十个手指里九个贴了创可贴；她讲，自己苦心孤诣，独创两种点钞法，拿下了一个又一个冠军，为所在单位争得了诸多荣誉；她讲，转型做业务技能教练后，那份对于教徒的认真，让她练就了蒙眼双耳听钞这项绝技，从而扬名央视，轰动全国……

最后，王东云动情地总结道："把每一件简单的事做好就是不简单，把平凡的事做到极致就是不平凡！"她的话音一落，又是一阵经久不息的掌声。

来自合肥蜀山区支行的程璨是王东云的"小粉丝"，她是因为观看《挑战不可能》而认识王东云的。作为入行不久的年轻人，她深深折服于前辈的高超技艺，也为自己能够从事同样的职业而感到自豪。2018年7月初，听说王东云要来安徽宣讲授课，她立马就报了名。

程璨一直记得宣讲当天的一个细节："王老师坐在台下聆听团队其他成员介绍技巧时，手上都会拿着一把练功券自然地点着，我才真切体悟到点钞已经成为她的习惯、她生活的一部分。"

宣讲结束，王东云带来了独创的五种花式点钞法，和爱徒车毅共同展示了"蒙眼听音点钞"。最后的重头戏，是给前来学习的年轻业务骨干开展为期一天的现场培训。

现场演示、分解动作、观察学员、针对教学，王东云指点着每一个人的点钞手法。当王东云来到程璨身边时，一眼就发现了她在扎把动作上的问题，于是手把手，放慢动作，一遍遍地教。授人以鱼不如授人以渔，除了教授具体动作，王东云还循循善诱，启发学员在点钞练习中要学会思考。

得益于王东云的用心教学，程璨很快实现了技术的突破，10

分钟点钞把数由原来的18至20把跃升为22至23把。对程璨来说，更重要的是，她汲取了榜样身上挑战自我、超越自我的力量源泉。眼见榜样早已功成名就仍刻苦钻研，程璨也保持着"干就干一流，争就争第一"的心态，奋力向前。终于在2020年中国农业银行第六届业务技术比赛中，程璨取得了940分的好成绩，在省内独占鳌头。

在培训时，来自合肥分行的李琳就显得比较拘谨。不好意思上前请教，她就一点不落地录制了王东云的教学视频。培训过后，原本靠关节运动点钞的李琳，对着教学视频一遍遍研究如何依靠手腕和手臂的肌肉抖动来点钞。因为要克服原有的习惯，一开始，收效甚微，手指酸痛僵硬，然而，她也学会了榜样王东云的那一份坚持，一有时间就拿起点钞券练习。2020年，李琳第一次在合肥分行举行的柜面技能比赛中使用王东云教的肌肉抖动法，一举斩获单指单张项目亚军。后来，她感恩地说道："王老师教会我，每一次的坚持，都是遇见更好的自己。"

2020年8月，王东云再次来到青海。看着那片迥异于江南地区的内陆辽阔景色，她心里早已没了初涉点钞培训领域的局促。这次她不再是一个人，而是带领了一个金牌培训团队。一到青海，她就感受到了青海分行的热情。每到一个支行，就有粉丝请求合影。

一个阳光灿烂的午后，王东云开始了她在青海的宣讲。当时她就关注到了来自青海省共和县支行的青年员工王世玉。王世玉坐在第一排，安静地听着课，认真做着笔记，手拿点钞券紧跟着练习。

　　王世玉也是通过《挑战不可能》认识王东云的。正是受到榜样力量的打动，他更加努力地练习各种柜员业务技能，多次参加业务技能比赛，只可惜欠缺火候，成绩出现了瓶颈。听说王东云要来青海讲课，他一夜无眠，拿着点钞券反复练习，一一记下自己遇到的困难。

　　这次的青海宣讲，和之前每一次的宣讲流程差不多，王东云在讲述自己的故事之后，就走下了讲台，现场进行教学。短短3天，40多名参训学员全部用上了她的单指单张点钞法，场内只剩下一片"嗒嗒"声！这样的情景，深深震撼了最后一天来集训现场视察的青海省分行的领导，领导口中禁不住地赞叹。

　　培训过后，得了王东云亲传的王世玉随身携带点钞券，每一分每一秒的空闲都是他锻造自身点钞技艺的最好时间。有一句话说得好，唯有热爱能抵岁月漫长。王世玉不仅自己刻苦练习业务技能，还带动了所在支行的其他青年骨干员工潜心学习。后来，在2020年中国农业银行海南藏族自治州分行的"学劳模、展风采"运营业务技能比赛中，共和县支行第一次拿下了团体第一，王世玉个人摘得了柜面业务操作项目的桂冠。他第一时间想到的，就是把这个好消息告诉千里之外的王东云。

　　有人问王东云，她每次收到这些来自全国各地的好消息时，心里是什么样的感受。王东云笑着答道："看到一个个徒弟取得成绩，就如同看到花朵绽放，树儿结果，稻子成熟，我满眼都是希望，满心都是欢喜。"

第六章　不只是点钞

扫码解锁

◉群英颂歌◉指尖舞者
◉精益求精◉奋斗底色

心有大爱行善事

王东云不仅点钞技术高，还是一个用心生活的善心人。心怀善念，常行好事，这样朴素美好的品德对于王东云来说，是一种言传身教的家风传承。年少时，她就总见母亲潘玉琴在自家生活拮据的情况下，仍尽其所能向亲朋好友提供帮助，种出的瓜果蔬菜不忘送一份给村上的孤寡老人。耳闻目睹母亲的善举，王东云的心里也就种下一颗善的火种，待到她有了能力，就如母亲一般毫不吝啬地用火种点燃火把，照亮遭受困难之人的前路。

王东云丈夫一家也是心存慷慨、与人为善的。结婚后，王东云经常和丈夫、公公、婆婆一起为需要的人提供帮助，比如捐赠行李箱，给附近的学校捐赠体育器材，给小区行动不便的老人赠送生活物资……点滴善事，汇成绵延细流润人心，王东云借此领会到，行善事无须空等时机，不如从身边做起。

王东云一直怀有做公益的想法，想为社会做点事，帮助弱势群体。终于，她在2003年等来了一个合适的机会。

2003年，在武进支行湖塘办事处工作的王东云因一次贫困生捐助活动结识了城郊失去双亲面临辍学的陈海燕。听完眼含泪光

⊙ 王东云（左）将30件劳模档案捐赠给常州档案馆

的小女孩的讲述，王东云随即决定参加妇联组织的"春蕾计划"，与陈海燕结对，资助她完成义务教育。

"春蕾计划"是中国儿童少年基金会自1989年发起并组织实施的一项救助贫困地区失学女童重返校园的社会公益事业。截至2022年底，"春蕾计划"已募集善款29.11亿元，资助女童409万人次。

彼时的王东云只模糊地知道这是一项类似于"希望工程"的公益活动，家境算不上宽裕的她毅然决然地伸出了援手。她说："当看着一个孩子深陷命运的泥沼，生活逐渐向下滑落的时候，作为一个旁观者，作为一个3岁孩子的母亲，我感到体内有一种自然生成的悲悯，于是便毫不犹豫地产生了要伸出手帮她一把的念头。"

陈海燕是一个苦命的孩子。一场突如其来的车祸带走了她的母亲，父亲也因受打击而精神失常，在一个雨夜抛下她离家出走后不知所踪。突然成了孤儿的陈海燕只能跟着乡下的叔叔婶婶一起生活。叔叔婶婶家也是勉强维持生计，无法负担她的学费。

陈海燕感到了恐慌，她不想辍学，不想丢掉求知和改变命运的机会，还好她遇到了王东云。从小学到初中，王东云都会在开学前把学费汇到陈海燕所在的学校。除了在金钱、物质上提供资助，王东云也希望陈海燕放下心理负担，再次感受到亲人般的爱和家庭生活的温暖。于是，王东云经常在暑假时将陈海燕接到家里来，如母亲一般呵护她，给她做好吃的饭菜，带她去常州的恐龙园等知名景点游玩，为她购置学习和生活用品，也不忘激励她好好学习，为自己争一个明媚的未来。

许多年后，陈海燕深情地说道："在应该拥抱幸福童年的年龄，却接连遭到无常生活的打击，年幼的我，对晦暗未知的前途，莫名生出一种模糊的恐惧，在无数个泪水浸满枕头的夜里，不禁以最坏的可能猜测未来的生活。我以为上学的路将就此中断，幸好王东云老师为我点亮了一支蜡烛，让我在困窘中，得以触及那一番别开生面的豁然。"

心怀感恩的她一直称呼王东云为老师。她觉得，这个称呼是既亲切又贴切的，因为她从王东云那里得来的不只是学业上的资助，更有精神上的滋养。择一事终一生的王东云是她人生之舟的灯塔，年少的她发愿也要成为那样的人。

十多年倏忽而过，如今的陈海燕已经读完大学并参加了工作，她热心公益事业，生活多姿多彩。她为与"春蕾"结缘感到幸运，感恩一路走来遇到的像王东云一样的好心人，她希望能尽己所能，用心传递这份不求回报的爱。

2013年，身为劳模代表的王东云参加了武进区政府组织的"三八妇女节"公益活动。那一次，她们一行人带着书包、书籍、衣服等捐赠物品走进了武进区特殊教育学校。踏进大门，看着那些可怜的残障孩子，王东云心中戚戚然。她说："如果有机会，大家都应该去那里看看，看看那些残疾的孩子。你会发现，活在这珍贵的人间，身体康健，是一件多么幸福的事。"

为了表示感谢，学校里的一些孩子特意用手语向来宾表演了一个节目——《感恩的心》。根据台下老师的提示，舞台上的孩子们随着音乐节奏，手臂在空中摆动起伏。虽然孩子们的动作笨拙又略显凌乱，王东云却抑制不住地为这群折翼的天使落下泪来。

在看表演时，她注意到一个小男孩虽然四肢不协调但紧跟动作，表演最后又粲然一笑，那童真的笑让人深受感染。心中实在挂念小男孩，王东云又抽空来到了特殊教育学校。只见小男孩端坐教室里，拿着一本书在读，虽然他特别努力，发音却是那样支离破碎。

王东云直接向校长汤群提出要资助这个孩子。汤校长解释说，根据学校的政策，她的捐赠资助不能只针对某一个孩子，而是应针对这一群特殊的孩子，捐助的资金学校会统筹安排使用。

闻言，王东云感到一丝遗憾，但她想到，每次来到这里，更重要的是传递自己的心意，于是，便决定向学校每年资助3000元。虽然资助的金额并不算多，但如王东云一般生活并不十分宽裕却依然坚持奉献爱心的普通人，怎么不算公益道路上一道靓丽的风景线呢？烛光虽没有白炽灯那么明亮，但一支又一支地聚在一起，也将照亮许许多多的昏暗角落。

每次开学的时候，王东云都会去特殊教育学校捐赠学习和生活用品，陪孩子们玩游戏。她很乐意和这些孩子们在一起，有时工作太忙了，她会委托自己的丈夫代为前往。于她而言，她为孩子们献出爱心，孩子们在无形中也回馈给她一些宝贵的启示。

她说："这个世界有人想要健全的身体而不可得，有人却仗着年轻肆意糟践身体。每次看到那一群特殊的孩子，在残缺中顽强而认真地面对人生，不由得让我想到要更加珍惜现有的生活，仔细想一想，其实每一个平静无风、万里无云的日子都来之不易。"

除了这两个坚持多年的公益行动，王东云也曾经帮助常州工学院特困生实现微心愿，提供"爱心午餐"费；也多次为贫困地区儿童和希望小学捐钱捐物，踊跃参与各类爱心捐款活动。

2008年5月12日汶川大地震，举国同悲，人们为逝者默哀，为生者焦心。看着电视上播放的灾区影像，王东云也感到十分悲伤，除了第一时间捐款捐物，她还想进一步为抗震救灾出一份力。恰好，当时因为屡获全国性的点钞比赛大奖，中国农业银行便有意派她奔赴四川地震灾区慰问。她毫不犹豫地答应了，参加了中国农业银行组织的以"劳模事迹演讲、劳动技能演示、优秀节目演出"为内容的"三演"慰问团。在储蓄所的板房内，王东云向灾区人民演示并传授高超的点钞技能，以自己的方式向他们送去慰问，帮助他们重振信心，勇谋发展。

心怀善念，常行好事。王东云说："社会给了我很多荣誉，我应该尽力回报社会，农行的广告语是'大行德广，伴您成长'，作为一个农行人，我也愿意将其内化成一种温暖的激励，担负自己的社会责任，从点滴的公益行动做起。"

柜后工作尽心力

2020年8月，鉴于王东云丰富的工作经验和专业知识，她的职务从常州分行运营管理服务中心高级专员调动为办公室副主任兼工会工作部副主任。

履职的第一天，她在心里暗暗想，一定要在这个陌生的领域做出自己的成绩。为此，她积极投入学习中，全方位地提升自己的素质和能力。

为了了解工会组织的基本法律规范和制度，王东云认真学习了《中华人民共和国工会法》。这部法律颁布于1992年，旨在保障工会在国家政治、经济和社会生活中的地位，确保工会的权利与义务，发挥工会在社会主义现代化建设事业中的作用。通过《中华人民共和国工会法》，王东云深入学习了工会的性质、任务、组织原则和会员的权利和义务等相关内容，这是她开展工会工作的极其重要的第一步。

为了更好地理解职工代表大会的运作机制，她还延伸阅读了《职工代表大会实务操作与法律依据》一书。研读完这本书，王东云详细了解了职工代表大会的组织程序、议事规则、代表选举等方面的实务操作以及相关的法律依据，帮助她更好地在职工代表大会中进行发言以及意见表决。

王东云也关注到工会经费的管理和使用问题。她就像一个大家庭的家长，希望工会的每一笔经费都能够用在刀刃上，切实帮助工会以及成员们更好更快地成长。于是，她阅读了《基层工会经费收支管理办法》一书，弄清楚了工会经费的来源、管理原则、支出项目等具体内容，为她合理规划和使用工会经费提供了指导和参考。

在对自己的岗位角色定位有了更加清晰的认识之后，王东云对于即将在新岗位上做出成绩更有信心了。

纸上得来终觉浅。作为一名负责任的领导，王东云明白，最重要的是深入到员工当中，切实了解他们在生活以及工作上遇到的实际困难。这样，才能更好地服务于他们。因此，王东云经常走近员工及员工家属，认真倾听他们的意见和建议，了解他们的感受和需求。一旦发现问题或者困难，她便积极地寻求解决的方案，竭尽所能地帮助他们。

当听说有员工因为孩子高考志愿难填而困扰时，她赶紧联系了常州大学的专业人士，以寻求这个问题的解决方法。常州大学也积极地伸出了援助之手，承诺会在高考后派遣专家团队来指导常州分行员工子女的高考志愿填报。

因为有着许多年的基层工作经验，王东云深知关爱员工身心健康的重要性。

　　2022年，为给全市农行广大员工提供日常倾诉渠道，提高心理承压能力，王东云在全市范围内召集了11位热心的员工，组成了一支心理关爱志愿者队伍。为了提升这批志愿者的职业素养和心理辅导能力，王东云代表常州分行与常州市心理学会心理咨询专业委员会合作，在2022年下半年开展了10期线上与线下联合进行的"心理关爱志愿者"培训课程。

　　最终，所有志愿者都顺利完成了相关课程培训，获得了中国科学院心理研究所颁发的心理咨询师基础培训合格证书。志愿者可以更好地为同事提供专业的心理咨询服务，帮助他们排解忧愁，保持心理健康。

　　为进一步发挥心理关爱志愿者的队伍优势，2023年3月16日，中国农业银行常州分行举办了"遇见自己 关爱他人"心理增能主题沙龙，并在这场主题活动上举行了心理关爱志愿者的颁奖仪式。在活动中，王东云给志愿者颁发了心理咨询师基础培训合格证书以及常州分行为期五年的心理关爱志愿者聘书。她还向志愿者们表达了祝贺，并且期待他们能够用所学的心理专业知识帮助更多的人提高承压能力，积极投入心理志愿者团队的建设中去。

　　在王东云看来，这样的举措绝不是无用功，这些做法不仅有利于解决员工面临的实际问题，还关注到了员工的心理需求，为他们提供了更多的关心和支持。一个企业，增强员工的归属感和工作积极性的重点就在于管理理念上的以人为本和悉心关怀，这样才能够为企业的未来发展注入更多的活力和动力。

有一句话说得好，一个好的榜样就是最好的宣传。为了更好地实现员工的个人成长和发展，"王东云劳模创新工作室"为员工了解各行各业劳模的先进事迹提供了一个学习和交流的平台。

为了让员工更好地了解那些优秀榜样的成长经历和取得的成就，"王东云劳模创新工作室"每年都会举办"我与榜样面对面"劳模先进事迹宣讲会。考虑到有些员工想参加线下活动却没办法来现场这一实际情况，活动不仅在线下进行，还采取了线上直播的形式。这样体贴的做法覆盖到了每一个有心向劳模学习的员工，博得了许多员工的称赞。

王东云认为，通过宣讲会，员工能够近距离和各行各业的劳模接触，也能够从身边人或事中汲取向前的力量。当面对工作中的挑战或者生活中的困难时，每个人都可以通过学习他人的经验来寻求问题的解决方法及思路。她希望员工能够明白，对每一个普通人来说，所谓"劳模"不是一定要做什么惊天动地的大事，而是即便扎根平凡的岗位，也要通过自己的不懈努力创造出不平凡的成绩。

自调任以来，王东云兢兢业业，一心一意为员工办实事。在她的带领下，常州农行员工的满意度显著提高，幸福指数也上升了。我们相信，从不会在"功劳簿"上睡觉的王东云一定会继续以客户为中心，创新工作方法，坚持提供优质的服务，不断满足他们的合理诉求，为常州农行这个大家庭的和谐与幸福奉献更多的力量。

伟大出自平凡，平凡造就伟大。年少入行，从普通银行柜员到点钞技能冠军，从"金牌选手"到"王牌教练"，王东云立足平凡的岗位，用精益求精的工匠精神、锲而不舍的进取精神和爱岗敬业的奉献精神获得了不平凡的成就。择一事终一生，王东云以自身的非凡努力，深刻诠释了当代金融职工的一颗"匠心"，既成就了自我，也让更多人受到"工匠精神"的感召，以梦为马，砥砺前行！

⊙ "王东云劳模创新工作室"成员